MAGIA *e* BRUXARIA COM BONECOS DE VODU

FRATER P.

MAGIA *e* BRUXARIA COM BONECOS DE VODU

MAGUS
São Thomé das Letras

Editor: Diego Perandré

Preparação e revisão: Maria D.Silva

Capa: Marco Antônio Damaceno

Diagramação: Décio Lopes

Dados Internacionais de Catalogação na Publicação (CIP)
(Câmara Brasileira do Livro, SP, Brasil)

P., Frater

Magia e bruxaria com bonecos de Vodu / Frater P.. – 1ª edição – São Thomé das Letras, MG: Jurupari Editora, 2024.

ISBN 978-65-980002-4-0

1. Bruxaria 2. Feitiçaria 3. Magia 4. Vodu I. Título.

24-215711 CDD-299.67

Índices para catálogo sistemático:

1. Vodu : Religião 299.67

Aline Graziele Benitez - Bibliotecária - CRB-1/3129

MAGUS

O Sacrifício dos Satânicos, Félicien Rops, 1882

A fera que habita a minha alma é imortal, e atemporal. Está sempre ávida por maravilhas, pelo fantástico, o misterioso o infinito. Seus olhos faíscam na escuridão, a mesma luz que arde nas estrelas. Ela ronda meus sonhos, meus devaneios, espreitando... esperando. No alto das montanhas, no interior das florestas, nos templos antigos eu a encontro, ela mora na solidão do meu ser.

Agradecimentos

Ao Frater U∴D∴ por ler o original e nos brindar com a apresentação ao livro; à minha amiga Natalie Abuhassan de Almeida, que foi a leitora beta; ao Wagner Perico, por contribuir com a escrita de um capítulo; ao Marco Antônio Damaceno, que produziu a bela ilustração da capa; ao Frater Magog, que muito nos honrou com suas palavras; e por fim, mas não menos importantes, ao Lord A, a Cathia D. Gaya e a Alana Morgana por suas frases; e ao Grande Dragão, Alfa e Omega.

Sumário

Apresentação, por Frater U∴D∴[1]

Neste estudo breve e sucinto, Frater P. consegue nos dar uma visão ampla, precisa e historicamente fundamentada de um tema tabu que comumente tem sido propenso ao sensacionalismo insípido da mídia, à desinformação (intencional ou não) e à propaganda antiocultista clerical, muitas vezes acompanhada de uma boa dose de racismo e colonialismo.

Assim, ele adota uma abordagem pragmática e essencialmente estruturalista em relação ao assunto, o que é sempre recomendável, pois nos permite ultrapassar as restrições de superstição, propaganda religiosa e de tradições mal refletidas (em oposição às verdadeiramente empíricas e práticas, isto é, vividas e vivas), captando assim os reais mecanismos que regem as atividades mágicas, independentemente de seu respectivo lastro sociocultural ou histórico.

Metodologia à parte, este livro é inovador porque nos oferece um espectro concentrado de abordagens e práticas relacionadas ao boneco e, em um sentido maior, à magia de fetiche. Por mais paradoxal que possa parecer, essa subdisciplina da feitiçaria consagrada pelo tempo, que se estendeu por eras e culturas em todo

1 Um dos maiores ocultistas da atualidade, o alemão Frater U∴D∴ é cofundador do grupo Illuminates of Thanateros, fundador da Magia Pragmática e membro de longa data da Fraternitas Saturni.

o mundo desde que a magia foi instalada como uma tecnologia de sobrevivência humana, na verdade, tem sido lamentavelmente negligenciada pela maioria dos autores com autoridade na área. Nesse sentido, Frater P. nos presenteia com uma contribuição muito bem-vinda e bem pesquisada para um campo amplamente subestimado, mas de grande importância. Tenho esperança de que esta obra inspirará pesquisas mais aprofundadas, tanto de abordagem êmica quanto ética, no futuro.

Tais análises podem querer abordar outro aspecto tristemente ignorado da magia de boneco e de fetiche, a saber, seu elemento essencialmente háptico: como bonecos ou "bonecos de vodu" (bem como a maioria dos outros fetiches) são tipicamente "manuseados", ou seja, feitos manualmente, carregados, movidos etc. Isso, juntamente com outros elementos constitucionais da feitiçaria prática, como a transe por meio de danças, gestos mágicos e mudras, runas e símbolos corporizados podem muito bem indicar uma sabedoria arcaica sobre o papel indispensável das funções motoras no contexto do ato mágico em si. Mas isso, como dizem, é assunto para outro dia e hora...

Dragão da Escola Flemish, século XV.

Introdução

> The magician, whether male or female, was always a psychonaut, a soul searcher, someone who wanted to peek behind the 'Veil of Isis'; a person who could never rest until he or she discovered (or at least had a good idea about) what holds the world together deep down inside (Frater U∴D∴, 2005, p. 3).

O inferno são os outros, como disse o filósofo. Quantos contratempos vieram de vizinhos, colegas de trabalho, chefes, namorado(a) – parentes em geral –, aquela fechada no trânsito, o *cara* folgado no metrô? – a lista é infinita.

Então, nada mais natural do que "eliminar o problema", cortar o mal pela raiz. Hoje em dia assassinato não é permitido, mas ainda podemos recorrer à magia; não há – ainda – leis contra isso!

A relação dos seres humanos com o sobrenatural é natural, e não apenas a dos humanos – muitos animais percebem e pressentem fenômenos sobrenaturais. A magia é a "linguagem" entre a humanidade e os seres espirituais. Assim sendo, é de se supor que a magia de destruição venha desde a Pré-História. Ela não serve apenas para destruir, mas para garantir a "picanha". Umas das finalidades possíveis das pinturas rupestres de Lascaux[2]

2 Lascaux é um complexo de cavernas ao sudoeste da França, famoso por suas pinturas rupestres. (N. E.)

era que tivessem como objetivo propiciar a caça, uma forma de homenagear e ao mesmo tempo garantir que os animais se "colocassem à disposição" para serem mortos[3].

O termo magia é oriundo do latim e pode ser rastreado até o persa. Para os gregos e romanos, os *magi* da Pérsia foram os primeiros praticantes de magia, que havia sido ensinada pelo próprio Zoroastro. Os três reis magos da Bíblia seriam exemplos de *magi*[4].

A magia é baseada na lei da correspondência: algo que é feito aqui terá efeitos correspondentes em outro local, pessoa etc. No *Caibalion*[5], os Três Iniciados tratam – dentre outras coisas – da correspondência. Vale lembrar que a obra se baseia no hermetismo, filosofia com mais de dois mil anos atribuída a Hermes Trismegistus. Mas esse princípio é muito mais antigo, e é encontrado nas mais diversas tradições, como, por exemplo, no primeiro hexagrama do *I Ching*[6]:

> Coisas que se harmonizam em tom vibram juntas. As coisas que têm afinidade em suas naturezas mais íntimas buscam umas às outras. A água flui para o que está molhado, o fogo se volta para o que está seco. As nuvens, o sopro do céu, seguem o dragão; o vento, o sopro da terra, segue o tigre. Assim surge o sábio, e todas as criaturas o seguem com seus olhos. O que é nascido do céu parece relacionado com o que está acima. O que nasce da terra se sente relacionado com o que está abaixo.

James Frazer, no seu livro The *Golden Bough*[7], amparado em pesquisa etnográfica de gabinete, ressalta que a magia semelhante

---

3 Campbell, 2005.

4 Davies, 2009.

5 Três Iniciados, 1993.

6 O *I Ching* é considerado um dos mais antigos e importantes livros de filosofia chinesa que chegaram até nossos dias. (N. E.)

7 Frazer, 1922.

produz semelhante, e coisas que estiveram em contato continuam em contato, apesar da distância (não estarem mais juntas). O primeiro princípio pode ser chamado de Lei da Similaridade; o último, de Lei do Contato ou Contágio.

Na Lei da Similaridade, o mago deduz que ele pode produzir qualquer efeito que deseje, meramente por imitá-lo; no outro, ele deduz que tudo o que fizer a um objeto material afetará igualmente a pessoa com quem o objeto esteve uma vez em contato, quer fizesse parte de seu corpo ou não.

O pai da psicanálise, no livro *Totem e Tabu*, aborda – nas palavras dele – um método dos mais difundidos para ferir um inimigo: criar uma efígie dele. Freud continua: a aparência não importa e nem o material com o qual será confeccionado. E mais: qualquer objeto pode ser nomeado recebendo o nome da pessoa odiada. A partir daí, o que ocorrer à efígie, por sincronia, ocorrerá à pessoa. Assim, se a efígie for ferida em algum lugar, a pessoa será acometida por uma doença na parte correspondente do corpo, por exemplo. Na sequência do seu texto, Freud justamente fala de Apep. E como vocês notarão, há um ritual específico contra Apep neste livro.

Podemos imaginar que Frazer e Freud não acreditassem no poder real da magia.

Frater U.·.D.·. levanta um ponto significativo: características pessoais específicas devem ser usadas no boneco, como se fosse uma caricatura, ou seja, algo que defina a pessoa. Não precisa ser uma obra de arte, desde que a mente subconsciente do mágico (modelo psicológico) aceite totalmente o boneco como um substituto para a pessoa alvo. Isso é feito por meio de identificação formal ou material[8].

---

8 Frater U.·.D.·., 2008.

Os princípios arquetípicos governam o desdobramento de qualidades semelhantes do céu à terra; um exemplo, o princípio do amor: manifesto através da deusa Afrodite, do planeta Vênus, do tipo humano venusiano, da pomba, do lírio, do lápis-lazúli e do cobre. Semelhante atrai semelhante em um mundo de ressonância simpática. Assim, as imagens podem ser criadas para intensificar a relação entre a representação física, seja em pedra, tinta ou som (ou qualquer material) e o arquétipo. Pensando no que foi dito, podemos imaginar que uma estátua de Vênus não só representa a deusa, como também que um pouco do poder da deusa pode habitar naquele artefato. Dessa forma, a criação de imagens era muito mais uma atividade ontológica do que qualquer outra, entrando no jogo das forças cósmicas, atraindo, pela ressonância e similitude, as forças ao alcance sensorial do humano[9].

A criação de antropoides artificiais fazia parte das camadas iniciais da magia. Alguns eram simples autômatos, outros eram estátuas que falavam, mas alguns deles eram entidades repletas de capacidades espirituais[10].

Os rituais e métodos que constam neste livro partem de um pressuposto: o grande agente mágico é o ser humano; em outras palavras, o mais importante é a intenção, o controle dos pensamentos, o foco e a vontade. Os "nomes bárbaros", os incensos e toda a parafernália são detalhes. Assim sendo, preocupe-se menos com a forma e mais com o conteúdo. Rituais "errados" podem funcionar "melhor" que rituais "certos" se o operador estiver imbuído do estado de espírito correto. Basta analisarmos a vasta gama de tradições que existem e que em muitos pontos se contradizem, mas funcionam para os seus praticantes. Crowley[11], ao tratar dos

9 Voss, 2006.

10 Idel, 1990.

11 Crowley et al, 1997.

"*nomes bárbaros de evocação*", afirma – baseado na experiência – que as conjurações mais potentes são em uma linguagem antiga, talvez esquecida. Além disso, muitas vezes suas traduções já foram corrompidas e perderam sentido. O leitor pode se perguntar: "mas como isso funciona então?"; funciona por levar o magista a um estado alterado de consciência. Justamente por pronunciar frases e palavras em uma linguagem estranha e muito antiga, o oficiante é tomado por sensações e atavismos que o levam a um estado mental mágico. Pouco importa se o texto em questão for uma tradução corrompida ou uma interpretação parcial e errônea. O que importa é o estado mental que será produzido.

De toda forma, vale lembrar que devemos ir além das aparências, dos sistemas e das "máscaras de deus", devemos acessar a fonte, ou o código fonte.

Em nossa época temos dificuldade em estabelecer uma relação com imagens, diferente das gerações pré-iluministas que nos antecederam. Estamos presos em uma dualidade cartesiana que cria pares de opostos: concepção e percepção, ação e pensamento. Nossa resposta intuitiva é anulada pela mente racional, e se racionalizamos, não acreditamos mais na verdade revelada, devido à imaginação advinda da percepção sensorial da imagem[12].

Durante todas essas décadas dedicadas à magia e às viagens psicodélicas, uma coisa ficou evidente, a importância mágica do inconsciente[13]. Uso o termo mais próximo da definição de Carl Gustav Jung, e é por meio dele, ou nele, que encontramos os arquétipos/deuses. O inconsciente fala uma língua antiga, a dos símbolos, conversa conosco nos sonhos e nos estados alterados

12 Voss, 2006.

13 Grant, Kenneth, 1989. *Austin Osman Spare: An Introduction to His Psycho-magical Philosophy*.

de consciência em geral. Dessa forma, os estados alterados são um elemento de vital importância na magia.

Para Frater U∴D∴, a magia faz uso dos chamados componentes "racionais e irracionais" da personalidade humana. Para a magia acontecer e ter resultados práticos, deve haver a integração dos dois lados, que devem trabalhar juntos. Os resultados, por vezes, podem parecer negar as leis naturais, ou ao menos o que sabemos sobre elas. Por outro lado, a magia moderna é principalmente um caminho para a autodescoberta ou a totalidade espiritual. Igualmente, a magia nega fundamentalmente que o espírito e a matéria existam como opostos[14].

14 Não é o propósito deste livro adentrar o treinamento básico para a magia, então recomendo veementemente a leitura dos livros de Frater U∴D∴: *High Magic* e *High Magic II*, que constam da bibliografia.

I

Por que bonecos de vodu se eles existem em vários lugares do mundo?

Dar vida a objetos inanimados é recorrente em muitas culturas, cada uma com as suas peculiaridades, mas o fato é que estátuas e bonecos podem ser "animados", ou seja, ter uma alma. Se o ser humano é a divindade do seu microcosmo, então, como deus, ele pode criar vida. Frater U∴D∴ faz algumas observações sobre amuletos e talismãs, que também podem ser aplicadas a "outros objetos" que o magista calibra cerimonialmente e os dota de certas energias para determinados fins, ou ainda, quando esse autor trata de fetiches: objetos magicamente carregados e ativados, usados para armazenar energias e em operações mágicas[15].

Por exemplo, no Antigo Egito são mencionadas pequenas figuras (ushabti) de argila ou cera que respondiam no lugar do morto, ou seja, eram colocadas no caixão. Assim, as minúsculas estatuetas eram consideradas também como estátuas vivas, capazes de realizar algumas tarefas e responder[16]. Quanto a isso, poderá saber mais ao decorrer do capítulo sobre o Egito e o uso de bonecos para a magia de destruição.

---

15 Frater U∴D∴, 2008.

16 Idel, 1990.

Uma das histórias mais conhecidas relacionadas a dar vida a estatuas é do golem, uma criatura formada de uma substância sem vida, como poeira ou terra, que vem à vida com o uso de rituais e encantamentos, e com o emprego de letras hebraicas.

A versão mais conhecida da lenda do golem se passa em Praga, e gira em torno do estudioso rabino Loew. As primeiras instruções práticas sobre como criar um golem podem ser encontradas nos comentários medievais sobre o *Sefer Yetzirah* (O Livro da Criação). Originalmente, criar um golem era uma forma de os místicos judeus medievais se aproximarem de Deus.

Figuras de poder na Inglaterra eram alvos de bonecos de vodu. No século XIII, o bispo de Troyes foi acusado de – com ajuda do diabo – ter feito uma imagem de cera da rainha Joana, da França. A imagem foi batizada com o nome da rainha e espetada com alfinetes, e depois jogada no fogo. Aparentemente, a acusação era falsa, mas demonstra como essa prática era conhecida. Igualmente, Joana de Navarra foi acusada de usar magia de imagem contra o rei Henrique V. E vários ataques contra a vida de Elizabeth I foram registrados entre 1579 e 1585, envolvendo feitiçaria e o uso de imagens de cera[17].

A magia continuou viva na Inglaterra, mesmo depois da Idade Média e Moderna.

Bruxas lançaram feitiços para impedir Hitler de desembarcar após a queda da França. Elas se encontraram, fizeram crescer o grande cone de poder e dirigiram esse pensamento ao cérebro de Hitler: "você não pode cruzar o mar", "você não pode cruzar o mar", "não é capaz de vir", "não é capaz de vir" (GARDNER, 2003, p. 92).

---

17 Armitage, 2015.

Bruxaria e Magia Negra: Roberto III de Artois (1287-1342) usa um boneco de cera de João de Valois (João II, conhecido como João o Bom), filho do Rei Filipe VI, autor desconhecido, 1866.

Já em solo americano, bonecos de vodu de Hitler foram cravados de alfinetes na tentativa de deter o Führer![18].

Mas por que então os bonecos são chamados de bonecos de vodu? Já que a prática é tão difundida no tempo e no espaço, como veremos em várias passagens deste livro. A resposta é uma mistura de má compreensão e preconceito e uma busca pelo "exotismo" ao ambientar livros e filmes. O "outro", o diferente, cabe como uma luva no papel do "mal". Algo repleto da velha projeção psicológica.

O vodu é uma religião antiga, mas, a partir do século XVI, ganhou nas Américas elementos sincréticos do catolicismo e até mesmo da maçonaria. Há, inclusive, o uso dos grimórios[19] da magia europeia, como *O Pequeno Alberto* e *O Dragão Vermelho*.

Os grimórios estiveram presentes no início da América Colonial, mas foi nas ex-colônias francesas que eles se tornaram uma realidade concreta, visível, alcançável e penetrante para pessoas de qualquer origem econômica ou étnica. Para ser mais preciso, foram os grimórios da *Bibliothèque bleue* francesa que primeiro deram ao Caribe sua tradição mágica literária. Na Martinica, por exemplo, *La Poule Noire* e *O Grande e o Pequeno Alberto* eram frequentemente mencionados como malignos, e o mais maligno de todos: *O Dragão Vermelho* – tendo em vista que o diabo[20] em pessoa pode ser convocado[21].

O autor haitiano e estudioso de vodu, Milo Rigaud (1969), trata da complexidade da religião haitiana, com rituais e símbolos

---

18 HUTTO, Cary. *Nearly a year before the U.S. entered the Second World War, a group of Americans tried to assassinate Hitler. What was their method?* Filadélfia: Historical Society of Pennsylvania, 2016. Disponível em: https://hsp.org/blogs/question-week/nearly-year-us-entered-second-world-war-group-americans-tried-assassinate-hitler..

19 DAVIS, Wade. *A serpente e o arco-íris*. Rio de. Janeiro: Jorge Zahar, 1986.

20 Este ritual adaptado está no capítulo *Grimórios*.

21 Davies, 2009.

desenvolvidos por milhares de anos. Por exemplo, Legba, o deus que preside e governa a magia, é inquestionavelmente de Ifé, na Nigéria. Porém, para esse autor, elementos oriundos do Congo, de Daomé, do Sudão e de muitos outros lugares foram incorporados. Rigaud traz uma informação importante: ao contrário da opinião geral, a Etiópia e a Judeia contribuíram para a formação da religião haitiana. Entre os judeus, o sol é representado por uma serpente sobre um bastão – a serpente chamada Da(vid) –, entre os etíopes, a serpente é representada por um leão – Davi –, o leão da casa solar de Judá, título preservado pelo imperador da Etiópia. No vodu, a mesma serpente, igualmente chamada de Da, e o mesmo leão, chamado Legba, presidem o culto.

Mas os bonecos de vodu continuam em uso no Haiti? Um trabalho muito interessante elucida essa questão[22].

Neste trabalho, as autoras dizem que objetos carregados de poder oculto negativo são chamados de *ouangas*. Não existem muitos dados disponíveis porque há uma lei – artigo 5 do código penal haitiano – que pune quem os fabrica; logo, é algo relegado ao submundo.

Para o feitiço funcionar, o boneco tem de conter material pertencente à pessoa, como unhas, cabelo, pedaços de roupa. Os dados coletados por elas são oriundos de histórias etnográficas modernas. Por vezes, os testemunhos são romanceados, esclarecem as autoras. Elas fazem uma distinção entre dois tipos de sacerdotes: o *hougan*, que serve ao bem, e o *bokor*, que serve a "ambas as mãos", ou seja, também serve ao mal.

---

22 AUGIAS, Anaïs; BENMOUSSA, Nadia; JACQUELINE, Sophie; JAEGER, Julie Nogel; MULLER, Anne-Laure; CHARLIER, Philippe. *Haitian voodoo dolls revealed by X-ray: From radiology to medical anthropology*. Journal of Forensic Radiology and Imaging, 2015, v. 3, nº 4, p. 221-225. Disponível em: https://www.sciencedirect.com/science/article/pii/S2212478015300253.

Essa dicotomia bokor-hougan nem sempre se harmoniza com a realidade. Como pessoas, não somos bons ou maus, luz e sombra se completam em nós[23].

Tais sacerdotes são considerados curandeiros, adivinhos e intermediários entre deuses e humanos. Um bokor também tem a capacidade de lançar um feitiço e consagrar *ouangas*.

As autoras utilizaram em seu trabalho sete bonecos de vodu oriundos do cemitério de Porto Príncipe, em 2014. Esses (*ouangas*) feitos de tecido, alguns na cor preta, outros vermelha e um branco.

Sem me alongar, e resumindo a informação das autoras: os bonecos tinham várias agulhas espetadas, estavam amarrados e o sexo de alguns bonecos era evidente, representando mulheres e homens.

---

23 Davies, 2009.

II

Egito Antigo

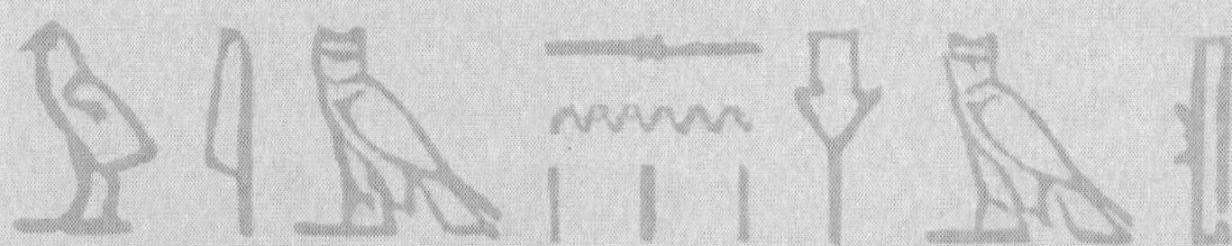

O Egito Antigo, além de sua arte monumental, deixou uma extensa literatura com sua tradição religiosa. Assim podemos ter acesso a conceitos e ideias que em alguns casos existem há mais de cinco mil anos. Porém, temos apenas uma visão parcial, poucos fatos são incontestáveis no estudo da civilização egípcia, devido aos séculos que nos separam dela e do material arqueológico que se preservou. Há, da mesma forma, o problema das traduções e a interpretação das fontes textuais, assim como o subjetivo dessa interpretação[24].

Tentar entender e "reconstruir" o passado das civilizações, por vezes, assemelha-se a encontrar as peças de um quebra-cabeça, ou olhar através do buraco da fechadura de uma sala de museu; o que temos é uma visão parcial e por vezes distorcida, e resta imaginarmos o que essas imagens formariam. Sem esquecer que muitas coisas são subjetivas, em outras palavras, podemos desvendar o que um texto diz, mas não exatamente como ele era interpretado e vivenciado no passado.

24 David, 2002.

A magia desempenhou um papel importante, não apenas vinculada à figura do faraó e do Estado, mas igualmente permitindo que as pessoas alcançassem objetivos específicos. O *medical papyri*[25] indica que os pacientes buscavam tratamento tanto por métodos "racionais" quanto "mágicos".

Os egípcios faziam uma distinção cuidadosa entre a imagem de um deus – estátua ou animal – e sua forma verdadeira, raramente revelada à humanidade. As imagens forneciam uma visão parcial e insatisfatória dos aspectos e atributos físicos da natureza de um deus. Se os egípcios acreditavam que os deuses habitavam o outro mundo, esses, igualmente se faziam presentes neste mundo na pessoa do faraó, nas estátuas, plantas, animais e objetos sagrados.

Salão das Colunas no Grande Templo de Karnak, Egito (artista desconhecido).

25 Os papiros medicinais egípcios são antigos textos egípcios escritos em papiro que permitem um vislumbre sobre práticas e procedimentos médicos do Antigo Egito. (N. E.)

Essas manifestações proporcionavam uma presença divina tangível aos adoradores, que podia ser visualizada e acessada por meio de rituais no santuário ou templo do deus[26].

A magia de vivificar as estátuas dos deuses era praticada no Antigo Egito. O incensário, simulando o suor aromático de Amum, podia insuflar vida em estátuas. Dessa forma objetos inanimados eram trazidos à vida. A fumigação do templo assegurava oferendas "vivas" para os deuses "vivos", e assim o incenso funerário também podia ser usado para animar objetos não-humanos[27].

No Egito, "bonecos de vodu" eram usados desde tempos muito recuados. Simulacros em cera dos deuses eram criados para auxiliar os deuses em seus embates clássicos. Por exemplo, no Templo de Osíris em Abidos, efígies de madeira de Seth eram queimadas. Detalhe: o nome do deus era escrito no peito do boneco, que ainda sofria pisoteio e era amarrado[28].

26 David, 2002.

27 Wise, 2009.

28 Faraone, 1991.

Alimentando os íbis-sagrados nos Salões de Karnak,
Edward John Poynter, 1871.

Os "bonecos de vodu" eram segredo de estado, essas figuras de cera tinham um "tratamento" que remetia ao "cativo amarrado" em estrangeiros e inimigos do faraó. A arte monumental igualmente retratava figuras similares, de um lado comemorando e relembrando as vitórias do passado, mas do outro contendo magia simpática para assegurar as vitórias futuras.

Da mesma forma, na Babilônia, estatuetas representando o inimigo eram feitas e destruídas para assegurar a vitória[29].

No Antigo Egito, uma das palavras usadas para *escultor* tinha como significado "aquele que mantém vivo". Quanto mais semelhante ao defunto, melhor. Efígies funerárias com maior semelhança do morto atraem o seu *Ka* (força vital), tornando-se o seu lar. No caso do faraó, esse procedimento garantiria tanto sua imortalidade quanto a continuidade de seu poder no Egito. A presença do espírito era manifestada pela luminosidade dos olhos, que deveriam ser os mais realistas possíveis. O poder divino da matéria era central para a vida religiosa, o que tem um paralelo com os hindus e as estátuas dos seus deuses hoje em dia. Dessa forma o sacerdote e o artista, por meio de suas habilidades e rituais, dotavam as figuras de percepção sensorial. Em ambas as culturas, tais estátuas não eram, e não são, consideradas arte, mas servem ao propósito funcional de abrigar a vida divina[30].

As exéquias de um gato egípcio, John Reinhard Weguelin, 1886.

29 Faraone, 1991.

30 Voss, 2006.

O ritual que se segue é inspirado nos Textos das Pirâmides, datando do Império Antigo, a época das pirâmides. São os primeiros exemplos de textos funerários; esses textos mágicos eram escritos nas paredes das pirâmides, visando proteção dessa e o acesso aos céus, onde o faraó seria recepcionado pelos deuses. Os Textos das Pirâmides formam o mais antigo corpo de escritos religiosos do mundo[31].

31 David, 2002.

III

Ritual – Destruição de Apep (Apófis)

Um dos rituais de extermínio mais clássico: o ritual contra Apep. A Serpente do Caos, Apep, é inimiga da Ordem de Ma'at[32].

O oficiante se transforma no deus Seth[33]

Venha até mim,

Ó grande Atum.

Não há deus que tenha se tornado uma estrela sem um companheiro.

Devo ter um companheiro?

Olhe para mim! Você viu as formas dos filhos de seus pais, que conheceram seu feitiço, que agora são Estrelas Imperecíveis.

Você pode ver os dois habitantes do palácio: estes são Hórus e Seth!

Eu tenho poder sobre meu corpo, não há ninguém para se opor a mim, eu nasci por causa de Hórus em mim, fui concebido por causa de Seth em mim.

Em pé neste momento há uma forte assunção da forma do deus Seth.

---

32 Na religião egípcia, Ma'at é a deusa da verdade, da justiça, da retidão e da ordem. (N. E.)

33 Veja o capítulo *Assunção de Forma Divina.*

Hórus, com cabeça de falcão, e Set, seu irmão gêmeo; o primeiro era o deus do dia, e o último, deus da noite. Imagem do livro *Tutankhamen Amenism, Atenism and Egyptian Monotheism* by E.A.W. Budge, 1923.

Retiro o selo, abro o portal, estou portando o olho sagrado de Hórus!

Zazas Zazas Nasatanata Zazas.

Eu sou o filho do casamento do céu e da terra.

Eu sou o Senhor do Sul e de seus espíritos, Senhor de Ombos, possuidor de grande magia.

Não fui enfeitiçado por Apep, enfrentei a serpente e a destruí, salvando Rá!

> *Obs: o nome do alvo deve ser escrito na imagem, de forma que possa ser apagado. Mas antes disso, letras devem ser cortadas. Ex: ~~APOFIS~~.*

O Deus Sol Ra matando a Serpente da Escuridão.
Do Papiro de Hunefer, 1370 aEV.

O oficiante profere:

Sua agressividade é afastada, seu poder de movimento é retirado. A carne do seu corpo é ferida, sua alma é separada da sua sombra, seu nome desapareceu.

Obs: neste momento o processo relativo ao nome deve ser feito, ou seja, o nome apagado. Enquanto faz isso, o oficiante profere:

Você está arrasado. Sua alma é destruída. Seu nome é obliterado, seu nome cai. Seja você esquecido. Eu, Seth, destruo o seu nome, desmembrarei sua alma.

Seu nome deve ser inexistente. Você não será lembrado, não mais.

Eu o farei inexistente. Seu nome não deve ser lembrado. Seus filhos não serão lembrados.

Destruição física

O oficiante profere:

Os deuses cortaram sua alma, seu corpo, sua sombra, seu espírito, sua magia.

Eles arrancaram seu coração e o cortaram.

Exorcizo e expulso seu nome. Seus filhos não devem existir!

Obs: Neste momento a imagem deve começar a ser destruída de acordo com o material da qual é feita: desenhos e bonecos de cera podem ser espetados por objetos pontiagudos e cortantes, queimados em partes etc. A destruição ainda não deve ser total. Na sequência, o oficiante continua:

Não há alma, corpo ou espírito dele. Eu sou quem foi enviado para derrubá-lo, para dirigir sua destruição.

O Apep, inimigo de Rá! Você morrerá duas vezes! Você perecerá! Seu nome será esquecido.

Será desmembrado, eviscerado, sem braços. Eu sei o mal que você cometeu. Sua cabeça foi cortada, você foi cortado em pedaços, para não levantar sua cabeça contra o grande deus. O grande deus tem poder sobre você, o cheiro do cepo de execução está em sua carne, sua figura foi derrubada pelo punhal do deus. Magia poderosa.

Obs: Aqui a destruição da imagem deve ser total.

Em magia é fundamental, em todas as etapas, concentração, vontade retilínea e intensão pujante.

Corte Egípcia, por Eduard Gaertner, 1850.

IV

Grécia e Roma

O xamã é o tipo de feiticeiro mais antigo do mundo grego. Normalmente relacionado às tradições órficas e pitagóricas, eles floresceram, supostamente, no Período Arcaico. A noção de tipos relacionados a xamãs já estava estabelecida no início do Período Clássico, vide Heródoto e Empédocles[34].

O termo xamã é oriundo dos tungus, o nome aplicado aos *medicine man*. A alma do xamã deixa o seu corpo em transe extático e vai ter com os deuses, conversa com esses em sua própria língua, cura doentes – recuperando suas almas da terra dos mortos –, entra em batalha com demónios e os derrota. Os xamãs gregos igualmente deixavam seus corpos, enviando suas almas em viagens de descobertas, por meio de bilocação, morrendo e voltando à vida, viajando ao submundo, de onde retornavam com a iluminação. Isso não deixa de ser uma morte e renascimento. Adivinhação, controle sobre os elementos e cura da peste também são relatados. Dois exemplos de bilocação tiveram como protagonistas Apolonio de Tiana, que esteve simultaneamente em e Éfeso e Túrio, e Pitágoras, que esteve ao mesmo tempo em Crotone e Metaponto[35].

---

34 Ogden, 2002.

35 Ogden, 2002.

Odisseu, John Austen, 1923.

A literatura, dados arqueológicos e epigrafias confirmam que os gregos usavam imagens para ter controle sobre seus inimigos, sejam esses humanos ou não.

Não só os xamãs datam do Período Arcaico. Os bonecos de vodu, ou *kolossoi*, já estavam em uso desde o início do período, antes das placas de maldição, com as quais estavam intimamente relacionados.

Os bonecos de vodu deram um corpo, um meio plástico, ao que as tabuletas de maldição tentaram em um meio verbal e plástico. Assim a contenção da vítima era obtida: sua representação poderia ser amarrada, torcida ou mesmo decapitada. Os bonecos eram feitos de muitos materiais: bronze, chumbo, argila, cera, lã[36]. Essas afirmações nos fazem pensar que o simulacro, o boneco, era "muito mais real" que a tabuleta. Dessa forma, o boneco propiciava emular o que se gostaria de fazer com a pessoa real.

Pã flautista, Les Mythes, de Paul Valery, 1923.

36 Ogden, 2002.

Os bonecos de vodu greco-romanos e etruscos precisavam ter algumas dessas características: braços e pernas torcidos, como se estivessem amarrados, pregos martelados, o nome da vítima escrito e o boneco encerrado em um recipiente hermético. Outra função para os bonecos era servirem de corpos – moradia – para fantasmas[37].

Sintetizando as informações[38] das placas de maldição:

São encontradas em todo o mundo greco-romano, do Egito à Grã-Bretanha;

- Há o objetivo, muitas vezes explícito, de "amarrar" ou "restringir" suas vítimas;
- A contenção ou confusão desejada na vítima é muitas vezes refletida ou induzida pelo uso de formas invertidas, distorcidas ou confusas de escrita, convenções ou imagens;
- As placas de maldição são frequentemente inscritas em chumbo[39], que é então enrolada – ou dobrada – e pregada, em atos simbólicos adicionais de torção e contenção;
- Em suas imagens e aplicações, elas têm muito em comum com "bonecos de vodu", que já são encontrados no Período Arcaico;
- Suas maldições devem ser executadas por fantasmas e/ou poderes do submundo;
- Para o efeito, são normalmente depositadas em sepulturas, em "subterrâneos" corpos d'água, como nascentes ou poços, ou em santuários ctônicos[40]. Elas também podem ser depositadas na casa ou no local de trabalho da vítima;

37 Faraone, 1991.

38 Ogden, 2002.

39 Creio que papel funcionará igualmente bem.

40 Refere-se aos deuses ou espíritos do mundo subterrâneo, por oposição às divindades olímpicas. (N. E.)

- A maioria das maldições, em que seu assunto pode ser discernido, cai em uma das seguintes categorias: legal, competição coral ou atlética, comércio, amor e sexo, e orações por justiça;
- As maldições são muitas vezes feitas entre rivais em um "contexto competitivo".

Exemplos de usos de bonecos de vodu

Trazemos agora um juramento usando bonecos de vodu do século 630 a. C, em Thera, citado por Heródoto. É possível que esse tipo de rito ocorresse anteriormente no Oriente Próximo[41]:

> Dois bonecos de cera foram feitos, e os queimaram enquanto invocavam a maldição. Homens, mulheres e crianças. Quem cumprisse o juramento, seja navegando para a Líbia ou quem ficou em Thera, teria coisas boas; ele próprio e os seus descendentes. Porém, aqueles que não cumprissem os juramentos teriam o mesmo fim que os bonecos de cera, derreteriam e se dissolveriam; eles, seus descendentes e suas propriedades[42].

Outra inscrição encontrada em Éfeso traz Apolo e Artêmis:

> Trazei de Éfeso a tua imagem (de Artêmis), resplandecente de ouro, e colocai-a num templo, com júbilo no vosso coração. Ela afastará teus sofrimentos e destruirá os feitiços e venenos, derretendo bonecos de cera, à noite, com as chamas de suas tochas, os símbolos malignos da arte do mago. Mas quando você tiver cumprido minhas instruções, adore a deusa que lança flechas, invencível, certeira, com hinos e sacrifícios, a gloriosa donzela que cuida de ti [...][43].

---

41 Ogden, 2002.

42 Ogden, 2002.

43 Ogden, 2002.

Vênus, por Georges Barbier.

Há uma placa de maldição Numídia, datando do quarto século, que traz a fórmula abreviada *qpvulva*[44], que significa "quem um ventre gerou". Essa fórmula visa encontrar o seu "alvo" usando a linhagem materna. A identificação da linhagem materna foi evidentemente considerada tão importante que deu origem a essa fórmula paradoxal, não identificadora, para uso quando a identidade da mãe era desconhecida do amaldiçoador. A

44 QPVULVA = Q(UEM) P(EPERIT) VULVA.

natureza abreviada da fórmula sugere que, além disso, tornou-se lugar-comum.

Juntamente com o texto há a imagem de um demônio com os pés de cabra, munido de dois laços e um gancho, e com os órgãos genitais pendurados[45].

Avançando no tempo, uma figura do Período Helenístico (séculos III e II a. C) e que viria a ser muito importante no ocultismo ocidental foi Hermes Trismegisto. Central nas concepções históricas da magia egípcia, criado a partir da fusão do deus grego Hermes com o deus egípcio Thoth – deus inventor da escrita, da matemática, patrono dos escribas e mestre supremo da magia[46].

Nos valendo da própria Hermética, Hermes fala a Asclépio: "Quero dizer estátuas com alma e consciência, cheias de espírito e realizando grandes feitos; estátuas que preveem o futuro e o preveem por sorte, por profecia, por sonhos e por muitos outros meios; estátuas que adoecem as pessoas e as curam, trazendo-lhes a dor e o prazer que cada um merece"[47].

Por meio de "mistérios sagrados e divinos" os sacerdotes implantavam almas de daimons[48] e espíritos cósmicos nas estátuas, usando plantas, especiarias e pedras relacionadas ao deus.

Essas práticas propiciavam que o deus se tornasse presente em sua própria imagem. Que funcionava não só como um objeto, mas simbolicamente[49].

Escolhi um ritual que aparece na obra *Metamorfoses*, de Ovídio. Nele, um universo pré-olímpico se faz presente, uma mitologia pré-homérica que estava viva nos cultos de mistérios

---

45 Ogden, 2002.

46 Davies, 2009.

47 Hermetica/Asclepius, p. 81.

48 É um tipo de ser da mitologia grega que em muito se assemelha aos gênios da mitologia árabe. (N. E.)

49 Voss, 2006.

da Grécia, em que o lugar de destaque não é ocupado por deuses do ensolarado Olimpo, mas por uma deusa sombria que podia ter muitos aspectos; mãe dos vivos e dos mortos, seu consorte era muitas vezes uma serpente[50]. Os seus ritos contrastavam com os rituais tipicamente associados à Grécia: viris jogos atléticos, arte humanística, banquetes e teatro. Eles eram sombrios e dirigidos não a entidades e deuses das alturas, mas sim das profundezas; não em templos de mármore reluzentes banhados com a luz do sol nascente, mas eram feitos no crepúsculo, quando as trevas engolem o dia, em locais selvagens, bosques e campos, com valas através das quais sangue fresco escorria para o abismo sem fundo, muitas vezes envolvendo sacrifícios humanos[51].

Ampliando a discussão, antes de convergir para os elementos específicos do ritual, a simbologia da mulher e da serpente são presentes em muitas mitologias antiquíssimas. Em Gênesis, da Bíblia, a serpente não é representada como uma divindade por direito próprio, o que de fato ela era, e que era adorada há mais de sete mil anos antes de ser escrita a história de Eva e a Serpente[52].

A serpente troca de pele, dando a ideia de renovação e vida eterna; a senhora do mistério, do renascimento, a qual tem uma analogia com a lua e suas fases; que guarda uma relação com o útero e a tumba, que todos os seres vêm e vão, os mistérios do nascimento e da morte.

Seu simbolismo é dualista, tanto faz referência à vulva quanto ao falo, ao fogo presente na sua picada letal, e à água devido à sua frieza. Sua dualidade é materializada em sua língua bifurcada. Se morde a própria cauda, é como o oroboro mítico – o círculo do eterno retorno, o tempo que apaga os feitos dos

50 Campbell, 2004.

51 Campbell, 2004.

52 Campbell, 2004.

heróis como poeira carregada pelo vento, a força da serpente eterna, do dragão, mudando de vida como troca de pele, girando infinitamente sobre si mesmo[53].

Dragão Alado, "História dos Monstros",
Ulisse Aldrovandi, 1642.

Mas voltando à Grécia dos pelasgos[54, 55], a bruxaria era muito conhecida no Mundo Antigo, especialmente em Tessália, no entanto, essa fama toda pode ser simplesmente uma criação literária e mitológica[56], mas não entraremos nessa questão – apesar de que eu pessoalmente imagino que a arte refletiu histórias orais, folclores etc. Por mais que autores como Lucano e Ovídio, entre outros, tinham liberdade criativa para incorporar elementos fantásticos e mitológicos em suas obras, misturando-os com

53 Campbell, 2000, 2004.

54 Rhodius, 1988.

55 *Pelasgi people*. Disponível em: https://www.britannica.com/topic/Pelasgi.

56 Phillips, 2015.

eventos históricos e personagens reais, essas narrativas tinham que fazer sentido aos seus leitores, e um método seria incorporar o folclore e o "senso comum" da época.

São atribuídos vários prodígios às bruxas da Tessália. Em *Metamorfoses*, de Ovídio, embora não se concentre especificamente nas bruxas da Tessália, contém várias histórias que envolvem sua magia e bruxaria. Ovídio retrata bruxas e feiticeiros usando seus poderes para transformar pessoas em animais ou alterar a aparência física delas[57]. Em *As Vidas e Doutrinas dos Filósofos Ilustres*, de Diógenes Laércio, são mencionadas as tradições mágicas associadas à região. O autor afirma que muitos filósofos importantes, como Pitágoras e Platão, estudaram lá.

Embora as informações sejam limitadas e fragmentadas, algumas das tradições mágicas associadas à Tessália incluíam:

Feitiçaria e bruxaria: a Tessália era famosa por suas bruxas e feiticeiras, que supostamente possuíam conhecimento e habilidades mágicas poderosas. Essas bruxas eram frequentemente retratadas como capazes de lançar encantamentos, realizar rituais mágicos e até mesmo invocar entidades sobrenaturais.

Magia medicinal: a região da Tessália era conhecida por sua compreensão em medicina e práticas de cura. Alguns dos conhecimentos e técnicas utilizados pelos médicos da Tessália incluíam o uso de ervas, poções e rituais mágicos para tratar doenças e promover a cura.

Oráculos e adivinhação: a Tessália também era conhecida por seus oráculos; lugares sagrados onde se podia obter orientação divina. Os oráculos eram frequentemente visitados por pessoas em busca de previsões sobre o futuro, conselhos ou respostas divinatórias para as suas perguntas.

---

57 Vale lembrar de Circe, na Odisseia, que transformava homens em animais.

Uma obra de especial interesse é *Pharsalia*, de Lucano. Nesse livro, Lucano trata da guerra civil entre o Senado Romano e Júlio Cesar. A Batalha de Farsália ocorre justamente na Tessália. O autor traz como pano de fundo a prática da bruxaria na região da Tessália. Ele menciona as bruxas que habitam a região e seu envolvimento em rituais sombrios e mágicos. Retratando as bruxas da Tessália como capazes de invocar os mortos, manipular o destino e realizar encantamentos poderosos, ele descreve em detalhes os rituais praticados pelas bruxas da Tessália, que incluíam a invocação de deidades sombrias e a realização de maldições.

Inclusive, há uma passagem em que as bruxas da Tessália são descritas como capazes de controlar o tempo atmosférico. Essa passagem ocorre no *Livro VI*, quando Pompeu busca o auxílio das bruxas em seu acampamento. Elas realizam rituais e conjurações mágicas para manipular as forças naturais. A descrição sugere que elas têm a capacidade de invocar tempestades e chuvas. Os animais selvagens perigosos igualmente estavam sob seu domínio; elas podiam tanto abrandar como aumentar a ferocidade em tigres e leões.

Porém, um dos poderes mais fantásticos é o de que as bruxas da Tessália podiam controlar os deuses. Na obra de Lucano, são retratadas como possuindo habilidades mágicas excepcionais, capazes de influenciar e manipular as divindades. Embora a obra não explique como as bruxas alcançaram esse feito, algumas possibilidades podem ser inferidas: elas têm uma profunda conexão com os deuses, por meio dos encantamentos, rituais e práticas mágicas apropriadas. Esses rituais podiam envolver oferendas, invocações, palavras de poder e gestos específicos que apelavam aos deuses e despertavam sua atenção. Outra possibilidade seriam pactos com entidades sobrenaturais, como espíritos ou demônios, que ajudariam a compelir os deuses ou que tinham alguma influência sobre esses. Essas entidades poderiam servir como intermediárias ou facilitadoras na comunicação e negociação com os deuses.

> What failing is this of the Gods of heaven in following after enchantments and herbs, and what this fear of disregarding them? Of what compact do the bonds keep the Deities thus bound? Is it obligatory, or does it please them to obey? For an unknown piety only do the witches deserve this, or by secret threats do they prevail? Have they this power against all the Gods of heaven, or do these imperious charms sway but a certain Deity: who, whatever he himself is compelled, can compel the world, to do? (Lucano, 1909, p. 232).

Duas importantes e poderosas bruxas da mitologia grega são Circe e Medeia, remontando ao Período Arcaico[58]. Medeia, conhecida feiticeira que ajudou Jasão a conseguir o Velocino de Ouro, que pertencia ao pai dela, o rei Eetes da Cólquida. Ela era de descendência divina e tinha o dom da profecia[59].

Medeia usou seus encantamentos e fez adormecer o dragão que guardava o Velocino de Ouro, assim Jasão pôde roubá-lo. E continuou protegendo o herói com sua magia, fazendo-o escapar dos perigos em sua jornada de retorno. Ela abandonou a Cólquida com o seu amado Jasão[60].

Exponho o encantamento de Medeia como está em Ovídio[61], para preservar toda a sua força dramática.

---

58 Ogden, 2002.

59 *Medea-Greek mythology*. Disponível em: https://www.britannica.com/topic/Medea-Greek-mythology.

60 Rhodius, 1988.

61 Com minúsculas alterações.

No próximo capítulo o transformo em ritual praticável, que tem como objetivo saúde, longa vida. O boneco deve ser um "simulacro" da pessoa para a qual se destina o encantamento. O material de sua confecção deve resistir a líquidos e a uma certa proximidade do fogo.

Sextus Pompeius consultando Erichtho antes da Batalha de Pharsalia. John Hamilton Mortimer, 1776.

V

Ritual – O encantamento de Medeia[62]

Três noites antes que os chifres da lua estivessem completamente unidos em uma esfera. Mas, uma vez que a lua cheia brilhou em todo seu esplendor e olhou, contemplando a Terra, viu Medeia saindo do palácio, usando mantos largos, pés descalços, cabelos soltos nos ombros. Estava sozinha em meio ao silêncio da noite. O sono profundo descansava homens, pássaros e animais, nem um som nos arbustos; folhas silenciosas e silencioso, também, o ar orvalhado.

Apenas as estrelas como testemunhas, para as quais Medeia estendeu os braços rodopiando três vezes, aspergida com água de um riacho próximo por três vezes, sua boca soltou um uivo[63] penetrante por três vezes. Caiu de joelhos e proclamou:

O encanto de Medeia

Ó Nix[64], fiel a estes ritos sagrados, e vós, estrelas, que com a lua dourada seguem a luz ardente do dia, e a ti, Hécate, deusa tripla, que conhece os meus intentos e vens me ajudar com os

---

62 Ovid, 1958.

63 A metamorfose de bruxas em lobos ou lobisomem era conhecida no Mundo Antigo. A bruxa Moeris, presente na obra de Virgílio, Éclogas, é um exemplo. Disponível em: http://classics.mit.edu/Virgil/eclogue.8.viii.html.

64 A Noite

encantamentos e rituais de nossos feiticeiros; ó Terra, que cultiva ervas potentes usadas pelos feiticeiros, e a vós, ventos e brisas, colinas, riachos e lagos, deuses dos bosques, e todos vós, deuses da noite, estejam aqui presentes e me ajudem.

Quando quiser, faço um rio inverter e correr da foz à nascente, com a minha magia acalmo mares tempestuosos, ou encapelo águas tranquilas, reúno ou espalho as nuvens, convoco ventos tempestuosos, ordeno que colinas tremam e a terra gema, e que as sombras dos mortos saiam de suas tumbas! E tu, Lua, eu a atraio para baixo. Meus feitiços fazem a carruagem do Sol, meu avô, empalidecer, e minhas poções fazem a Aurora perder a cor.

Em meu nome, o fogo daqueles touros arrefeceu e seus pescoços foram postos na canga, sob o jugo do arado curvo, como nunca tinha sido feito. Os homens nascidos dos dentes do dragão lutaram selvagemente entre si; foi embalado para dormir o guardião do Velo, que nunca dormia, e ao enganá-lo, o tesouro foi enviado para aquela cidade da Grécia.

Desta vez eu preciso de um sumo que reverta a velhice, e assim o fazer recuperar a juventude. Vós me fornecereis o que preciso, é por isso que essas estrelas estão cintilando, e porque a carruagem dos dragões está a caminho.

Logo surgiu a carruagem, enviada do céu. Medeia embarcou, mas antes afagou o pescoço ajaezado dos dragões que a puxavam. Pegou as rédeas, deu-lhes uma sacudida e singrou os céus. Olhando para baixo sobre Tempe, na Tessália, conduziu seus dragões a lugares específicos, onde ela procurou por ervas no Monte Ossa, na alta Pelion, Otris, Pindus e no Monte Olimpo. Escolheu as plantas que a agradavam, apanhando algumas pelas raízes e cortando outras com sua faca curva de bronze. Apanhou muitas plantas às margens do Apídano, do Anfísio e do Enipeu. As águas do Peneu e do Esperqueu também deram a ela suas ervas, assim como as margens repletas de junco do Lago Boebe. Ao lado de Anthidona, em Eubeia, ela colheu uma planta da longa vida, ainda sem a fama pela transformação que – mais tarde – provocou no corpo de Glauco.

Jasão e Medeia. John William Waterhouse, 1907.

Nove dias e noites Medeia viajou, transportada em sua carruagem de dragões alados, vasculhando os campos. Os dragões nada comeram, somente tinham aspirado o aroma das ervas, e ainda assim eles trocaram suas peles, a marca de seus muitos anos.

Ao retornar, defronte à entrada, na soleira, ela manteve-se do lado de fora, com nada além do céu sobre sua cabeça. Evitando a companhia de homens, ela construiu dois altares: um para Hécate, à direita, e outro à esquerda, para a Juventude. Ela os cobriu com os sagrados ramos da floresta selvagem, tudo isso enquanto entoava fórmulas mágicas, convocando os espíritos da terra, rogando ao rei das sombras e à sua consorte raptada que não tomassem a vida do velho tão rapidamente.

Medeia rejuvenesce Aeson

Após aplacar os deuses do submundo com orações e longos encantamentos, ela ordenou que trouxessem o corpo do velho Aeson. Então, com seus encantamentos o induziu a um sono profundo, como a morte, e deitou o corpo do velho sobre um leito de ervas. Ordenou a Jasão e a todos que se retirassem, advertindo-os a manter seus olhares profanos longe dos seus mistérios. Então, a sós, com os cabelos soltos, circundou os altares flamejantes como uma bacante[65]. Ela mergulhou as tochas ramificadas nas escuras valas, manchando-as com a mistura que lá estava. Rumou até os altares e acendeu as tochas com o fogo.

Em seguida, ela purificou o velho Aeson: três vezes com chama, três vezes com água e três vezes com enxofre.

Enquanto tudo isso se desenrolava, sobre as chamas ardia um caldeirão de bronze, onde acontecia a cocção de uma potente mistura. Nele, Medeia colocara raízes da Tessália para cozer, juntamente com sementes, flores e sumos de ervas negras, acrescentando pedras apanhadas nas regiões mais distantes do Oriente, assim como areia banhada por mares vazantes e geada apanhada em uma noite de luar[66].

---

65 Sacerdotisa do culto de Baco/Dionísio. (N. E.)

66 A receita conta com as entranhas de um lobisomem, mas, assim como as virgens, são itens difíceis de se conseguir hoje em dia.

Quando a princesa bárbara terminou a poção, em que usou esses e mil outros itens para atingir seu propósito mais que mortal, ela avivou toda a mistura com um velho ramo de oliveira que já havia secado há muito tempo, misturando o que estava em cima com o que estava embaixo. Nesse momento, o velho bastão se transformou. Primeiro ficou verde, depois folhas nasceram, e num instante estava carregado de olivas.

As chamas faziam a espuma transbordar do caldeirão, e onde quer que ela caísse, o solo verdejava com grama e flores. Vendo isso, Medeia empunhou sua faca e cortou a garganta de Aeson; deixou verter o sangue velho e o substituiu por sua poção. O líquido entrou pela sua boca e passou pela ferida, logo, o seu cabelo e barba mudaram de brancos para pretos, seu corpo deixou de ser esquelético e débil, carne firme findou suas rugas e fortaleceu seus membros. Aeson, surpreso, lembrou que outrora ele havia sido assim, uns quarenta anos atrás.

Algumas considerações sobre as plantas usadas na bruxaria europeia

No ritual de Medeia é citado Glauco. Na versão do mito presente em *Metamorfoses*, Glauco ganha a imortalidade ao ingerir uma erva. Após uma pescaria, ele coloca suas redes para secar em um relvado; os peixes estão enfileirados para serem contados. Para sua surpresa, os peixes voltam à vida ao entrarem em contato com uma determinada planta, e ainda conseguem voltar ao mar. Glauco, em dúvida, apanha algumas plantas e logo sente os efeitos, jogando-se ao mar.

> 'Ó terra a que jamais retornarei, adeus!' disse, e mergulhei o corpo dentro do mar. 'Acolhem-me deuses marinhos, dão a honra de ser um deles, e imploram ao Oceano e a Tétis que

retirem de mim tudo o que eu ainda pudesse ter de mortal' (OVÍDIO, 2007, p. 336).

Resta a pergunta, que planta era essa? Uma das candidatas é a *Paspalum distichum*, que frequentemente era infestada por *ergot*, um fungo que produz alucinações[67].

Entre os tipos de ergot produzidos pelas diferentes espécies do gênero Claviceps e seus numerosos hospedeiros encontram-se o centeio e outros cereais, como a cevada, o trigo, bem como algumas gramíneas silvestres. Existem, é claro, alguns que contêm alcaloides enteogênicos. O ácido lisérgico é o núcleo comum da maioria dos alcaloides do ergot. *Paspalum distichum* é uma gramínea que cresce em toda a costa do Mediterrâneo e é frequentemente infestada por *Claviceps paspali*. Em 1960, F. Arcamone *et al.*[68] encontraram esses alcaloides no ergot de *P. distichum*.

Em uma conversa, Gordon Wasson pergunta ao pai do LSD, Albert Hofmann, se de alguma forma seria possível que na Grécia Antiga tivessem produzido ou utilizado um enteógeno como o LSD ou psilocibina. Hofmann pensa justamente no fungo *Claviceps purpurea.*

Hofmann menciona o folclore europeu em que *seigle ivre*, centeio bêbado, e *Tollkort,* louco, são uma possível alusão aos efeitos da cravagem que se manteve na consciência popular.

Hofmann diz que seria possível separar os alcaloides dissolvendo-os na água. Para facilitar, um método seria usar o ergot que se desenvolve no *P. distichum* em forma de pó. Sendo

67 Wasson, Hofmann e Ruck, 1980

68 ARCAMONE, F.; CHAIN, E. B.; FERRETTI, A.; MINGHETTI, A.; PENNELLA, P.; TONOLO, A.; VERO, L. *Production of a New Lysergic Acid Derivative in Submerged Culture by a Strain of Claviceps Paspali Stevens & Hall.* Proc. R. Soc. Lond. B. Biol. Sci., 1961, c. 155, p. 26–54. Doi: http://doi.org/10.1098/rspb.1961.0056.

sintético, o pai do LSD diz que, sim, os hierofantes dos mistérios de Elêusis [69]podiam conhecer como usar esses fungos.

Além dos fungos, há plantas interessantes e associadas à bruxaria na Europa desde a Antiguidade, como as *nightshades* [solanáceas][70]. Com elas as bruxas podiam realizar profecias, transportar-se para lugares distantes, lançar sortilégios, encantamentos e outras maravilhas e proezas[71].

Essa comunicação alucinógena com sobrenatural era possível com uso principalmente de meimendro (*Hyoscyamus albus, H. niger*), belladonna (*Atropa belladonna*) e mandragora (*Mandragora officinarum*).

A extraordinária reputação dessas plantas se deve principalmente à bizarra psicoatividade que elas possuem, por conta de sua constituição química similar, que produz efeitos análogos[72].

Há relatos do uso do *Hyoscyamus* desde o Período Clássico; a variedade negra era tida como a mais potente, capaz de causar insanidade. O *Papiro Ebers*[73], datando de 1.500 aEV[74] demonstra que os antigos egípcios conheciam o meimendro. Mesmo Homero descreve bebidas mágicas com efeitos condizentes com o meimendro. As sacerdotisas de Delfos talvez fizessem uso dessa planta para profetizar[75]. No século XIII, Alberto Magno dizia que o meimendro era usado por necromantes para conjurar demônios.

---

69 Grandes sacerdotes que presidiam os cultos de Elêusis. Os mistérios de Elêusis eram ritos de iniciação ao culto das deusas agrícolas Deméter e Perséfone, que se celebravam em Elêusis, Grécia. (N. E)

70 Aviso aos navegantes: as solanáceas podem matar!

71 Schultes e Hofmann, 1992.

72 Schultes e Hofmann, 1992.

73 Escrito no Antigo Egito, é um dos tratados médicos mais antigos e importantes que se conhece. (N. E.)

74 EV = Era Vulgar; aEV = antes da Era Vulgar. Expressões que correspondem ao calendário comum.

75 Schultes e Hofmann, 1992.

O termo científico "*Atropa*", de belladonna (*Atropa belladonna*), vem do grego "destino"[76], a inflexível que corta o fio da vida. O epíteto "dama bonita" faz referência ao uso da seiva da planta pelas damas finas da Itália para dilatar as pupilas. Acreditavam que o olhar sonhador e embriagado assim produzido era o cúmulo da beleza[77]. As ménades de Dionísio[78] usavam esse expediente; possivelmente o próprio vinho das orgias continha solanáceas. A planta era usada na magia, sendo um dos principais ingredientes de pomadas e infusões empregadas por bruxas e feiticeiros.

No caso da mandrágora, o relato mais antigo vem de placas cuneiformes assírias[79]. Pitágoras já descrevia a raiz como um pequeno ser humano, e na época romana a planta era associada à magia; mesmo o historiador judeu Flavius Josephus, no ano I, falava de suas características[80].

Ritual de Medeia

Um caldeirão de ferro, velas e dois altares.

Aqui o tio enfrenta um dilema: qual elixir vou ensinar? Como disse Paracelso: "todas as coisas são venenosas, e nada existe sem veneno, a dose é o que delimita o que é veneno"[81]. Como evitar acidentes é dever de todos, vamos de algo mais seguro.

Ferva, no caldeirão, raízes de gengibre (Zingiber officinale) por alguns minutos, depois acrescente folha de dente-de-leão (Taraxacum officinale) e, por fim, jasmim (Jasminum officinalis).

---

76 Uma das três moiras.

77 Schultes, Hofmann. 1992.

78 Mesmo que "bacantes". Eram ninfas seguidoras e adoradoras do culto de Dionísio. (N. E.)

79 Rätsch, 2005.

80 Schultes e Hofmann, 1992.

81 *Alle Dinge sind Gift, und nichts ist ohne Gift; allein die Dosis macht, das sein Ding kein Gift ist.*

O ritual deve ser executado nos três últimos dias do quarto crescente. Sugiro que a lua esteja em escorpião.

O oficiante deve construir, nos dias anteriores ao ritual, uma imagem mental de Medeia; importante recorrer aos clássicos e a leituras sobre ela.

Sentado, imagine a feiticeira à sua frente, com a maior riqueza de detalhes, dia a dia, até que a imagem esteja bem nítida em sua mente. Então, aspire essa imagem, fundindo-se com ela. É quase como uma possessão, mas o ego ainda mantém certo controle. O importante é adquirir as potências e habilidades de Medeia.

O ritual deve ser executado à noite, de preferência a céu aberto e em um local selvagem. Talvez isso seja difícil para a maioria das pessoas, então a norma é adaptar às suas possibilidades.

No dia da execução do ritual deve haver, em cada altar, velas ou algo similar, e as ervas devem estar no caldeirão sendo fervidas.

De agora em diante, vou me referir ao oficiante como Medeia.

Medeia, sequencialmente, estenderá os braços para o céu, rodopiará por três vezes, aspergindo água por três vezes, e uivará[82] por três vezes.

De joelhos, Medeia conjurará em voz alta:

Ó Nix[83], fiel a estes ritos sagrados, e vós, estrelas, que com a lua dourada seguem a luz ardente do dia, e a ti, Hécate, deusa tripla, que conhece os meus intentos e vens me ajudar com os encantamentos e rituais de nossos feiticeiros; ó Terra, que cultiva ervas potentes usadas pelos feiticeiros, e a vós, ventos e brisas, colinas, riachos e lagos, deuses dos bosques, e todos vós, deuses da noite, estejam aqui presentes e me ajudem.

82 Pode ser uivo ou outro som gutural que seja natural ao oficiante.

83 A Noite.

Quando quiser, faço um rio inverter e correr da foz à nascente, com a minha magia acalmo mares tempestuosos, ou encapelo águas tranquilas, reúno ou espalho as nuvens, convoco ventos tempestuosos, ordeno que colinas tremam e a terra gema, e que as sombras dos mortos saiam de suas tumbas! E tu, Lua, eu a atraio para baixo. Meus feitiços fazem a carruagem do Sol, meu avô, empalidecer, e minhas poções fazem a Aurora perder a cor.

Em meu nome, o fogo daqueles touros arrefeceu e seus pescoços foram postos na canga, sob o jugo do arado curvo, como nunca tinha sido feito. Os homens nascidos dos dentes do dragão lutaram selvagemente entre si; foi embalado para dormir o guardião do Velo, que nunca dormia, e ao enganá-lo, o tesouro foi enviado para aquela cidade da Grécia.

Desta vez eu preciso de um sumo que reverta a velhice, e assim o fazer recuperar a juventude. Vós me fornecereis o que preciso, é por isso que essas estrelas estão cintilando, e porque a carruagem dos dragões está a caminho.

Logo surgiu a carruagem, enviada do céu. Medeia embarcou, mas antes afagou o pescoço ajaezado dos dragões que a puxavam. Pegou as rédeas, deu-lhes uma sacudida e singrou os céus. Olhando para baixo sobre Tempe, na Tessália, conduziu seus dragões a lugares específicos, onde ela procurou por ervas no Monte Ossa, na alta Pelion, Otris, Pindus e no Monte Olimpo. Escolheu as plantas que a agradavam, apanhando algumas pelas raízes e cortando outras com sua faca curva de bronze. Apanhou muitas plantas às margens do Apídano, do Anfísio e do Enipeu. As águas do Peneu e do Esperqueu também deram a ela suas ervas, assim como as margens repletas de junco do Lago Boebe. Ao lado de Anthidona, em Eubeia, ela colheu uma planta de longa vida, ainda sem a fama pela transformação que – mais tarde – provocou no corpo de Glauco.

Nove dias e noites Medeia viajou, transportada em sua carruagem de dragões alados, vasculhando os campos. Os dragões nada comeram, somente tinham aspirado o aroma das ervas, e ainda assim eles trocaram suas peles, a marca de seus muitos anos.

Ao retornar, defronte à entrada, na soleira, ela manteve-se do lado de fora, com nada além do céu sobre sua cabeça. Evitando a companhia de homens, ela construiu dois altares: um para Hécate, à direita, e outro à esquerda, para a Juventude. Ela os cobriu com os sagrados ramos da floresta selvagem, tudo isso enquanto entoava fórmulas mágicas, convocando os espíritos da terra, rogando ao rei das sombras e à sua consorte raptada que não tomassem a vida do velho tão rapidamente.

Convocação

Ó Deusa Terra, fonte dos deuses e dos homens;
Força fértil, e ao mesmo tempo destruidora;
Criadora de belas frutas e flores;
Donzela multifacetada, imortal, abençoada,
coroada com toda graça;
Venha, abençoada deusa, ouça minha oração[84];
Invoco a Natureza, mãe antiga e divina;
Dama intrépida, fatal e dominadora;
Vida eterna, parca, chama viva.
Imortal, Providência, o mundo é teu;
E tu és todas as coisas, arquiteta divina.
Ó deusa abençoada, ouça a minha oração.
E traga longevidade, paz e saúde para *(o nome da pessoa)*.

---

84 Adaptado dos *Hinos Órficos*, p. 150. Tradução Thomas Taylor, 1792.

Ó grande Plutão, o doador da riqueza que provém das profundezas da terra, o vulgo teme a ti e aos seus domínios; um dia nossas almas despidas dos corpos caminharão para os seus domínios.

Qual a mais forte corrente, o desejo ou a necessidade?

O desejo! Uma corrente imperceptível, uma tala recoberta de veludo negro, uma paixão avassaladora que possui o possuidor.

Tu manténs as almas em seus domínios, nas cadeias do desejo! Como as sereias amigas de Perséfone, sua voz é um feitiço, infundindo um encantamento em suas palavras.

Tu és o sofista perfeito, o grande benfeitor dos habitantes do submundo; e mesmo para nós, que estamos na terra, tu envias bênçãos abundantes. Pois tu tens muito mais do que deseja aí embaixo; por isso é chamado de Plutão, ou Rico.

Tu és sábio como tua rainha Perséfone[85] és sábia[86].

Perséfone, filha abençoada de Zeus;

Unigênita, graciosa deusa;

Você é a amada doadora da vida.

Você mantém as portas do Hades;

Mãe das eumênides, Rainha do Mundo Inferior.

Santa, governante de todos, donzela radiante, com chifres;

Companheira das estações, portadora de luz;

Você é a primavera, deliciando-se com prados perfumados;

Teu corpo sagrado nos aparece no cultivo de frutos e ramos.

Você é vida e morte para mortais aflitos.

---

85 Perséfone, aquela de muitos nomes, porque o verdadeiro não podia ser pronunciado. Kerényi, 2015.

86 Platão, 1892. Nos diálogos, Sócrates dá sua visão sobre o deus do submundo que inspirou parte dessa convocação.

Perséfone, tu és ao mesmo tempo nutridora e
portadora da finitude, pela eternidade.
Ouça, bendita deusa, e envie seus frutos à terra.
Em paz, florescendo em saúde graças à sua mão calmante;
E, na abundância da vida, levando à riqueza da velhice.
Então, leva-nos para o seu reino[87];
Deuses infernais, monarcas das profundezas, como o poder das águas do Estige, que tornam quem nelas mergulha invulnerável, peço sua ajuda para curar e rejuvenescer *(o nome da pessoa)*. Não tenham pressa em levá-lo para os seus domínios.

Hades (Plutão) e Perséfone (Prosérpina) e Cerberus (Kerberos), Eduard Trewendt, estúdio de xilogravura de August Gaber em Dresden, 1864.

87 Hino órfico a Perséfone. Tradução Asphodel P. Long. Disponível em: http://www.asphodellong.com/html/orphic_hymn_to_persephone.html.

Medeia rejuvenesce Aeson

Deite o boneco em uma "cama de ervas", as mesmas espécies usadas no caldeirão.

Medeia circundará os altares flamejantes e acenderá duas tochas[88], uma em cada altar.

Em seguida, purifique o boneco três vezes com a chama, três vezes com água, e três vezes com enxofre.

Asperja o líquido resultado da fervura (espere estar em uma temperatura adequada) no boneco.

Ao final dessas operações, o boneco deve ser guardado cuidadosamente em uma caixa que ficará em local protegido[89]. O ritual pode ser repetido algumas vezes ao ano.

Mercúrio levando Prosérpina para longe do palácio de Plutão, Frederick Richardson, 1930.

88 Podem ser varetas de incenso.

89 Lembra *O Retrato de Dorian Gray*.

VI

Grimórios

Fizemos um pacto com a morte,
e com o inferno fizemos um acordo.
Isaías 28:15

O Período Helenístico, quando o Egito esteve sob domínio grego após as conquistas de Alexandre, o Grande, foi a primeira fase identificável dos grimórios. Esse período teve grande troca cultural, os gregos absorvendo a religião e magia egípcia, e os sacerdotes egípcios aprendendo o grego. Um dos resultados mais evidentes foi a Biblioteca de Alexandria, outro foi o copta, que une o alfabeto grego à fonética egípcia[90]. Mas, no que tange ao desenvolvimento dos grimórios, os papiros greco-egípcios foram o evento mais importante. O intercâmbio cultural no Egito Helenístico permitiu essa tradição mágica, que mais tarde se espalharia pela Europa. Criados principalmente no Período Romano, com datações entre o século I aEV e V EV, foram escritos em egípcio, grego, demótico e copta. Ao invés da magia hieroglífica praticada nos templos egípcios e monumentos funerários, os papiros greco-egípcios são uma mistura fascinante de influências judaicas, gregas e egípcias; e existe um debate de quais conjurações e feitiços são de fato egípcios[91].

90 Davies, 2009.
91 Davies, 2009.

Um exemplo dessas trocas, ao menos historicamente, foi o surgimento da Cabala[92, 93], que seria por volta do século II EV, formada com elementos do gnosticismo, do misticismo mercavah e do neoplatonismo. O gnosticismo foi uma religião que se desenvolveu por volta do século I EV, contendo elementos cristãos, judaicos, juntamente com a filosofia aristotélica e platônica, sendo a biblioteca de Nag Hammadi a sua melhor fonte para estudo. O misticismo mercavah[94], que nasce com a visão de Ezequiel, é chamado de misticismo da carruagem. É a primeira fase do misticismo judaico, sendo a visão da divindade, ou algo perto disso, a viagem até o divino. Neoplatonismo, por sua vez, foi inspirado na ideia da filosofia platônica de que este mundo é a imagem de um mundo perfeito, ou seja, um reflexo. Muitas escolas de pensamento se desenvolveram sob essa influência nos séculos III até o VI.

Alguns tratados cabalísticos importantes são o *Sepher Yetzirah*, *Sepher Há Bahir* e *Sepher Há Zohar*,

Em sua maioria, os grimórios europeus são medievais, no entanto, como vimos, sua inspiração pode ser rastreada até as civilizações do Oriente Próximo e Médio. Tradições religiosas se misturaram; paganismo, judaísmo, cristianismo e, posteriormente, o islamismo no Mediterrâneo Oriental. Tão importante para a história da magia, como a transmissão do conhecimento mágico durante o século I, foi como os estudiosos medievais reconstruíram esse passado, muitas vezes de forma errada, ou seja, longe do significado original[95].

---

92 Disponível em: https://www.britannica.com/topic/Kabbala.

93 Wang, 1983.

94 Disponível em: https://www.britannica.com/topic/Merkava-Jewish-mysticism.

95 Davies, 2009.

PLATE XI.

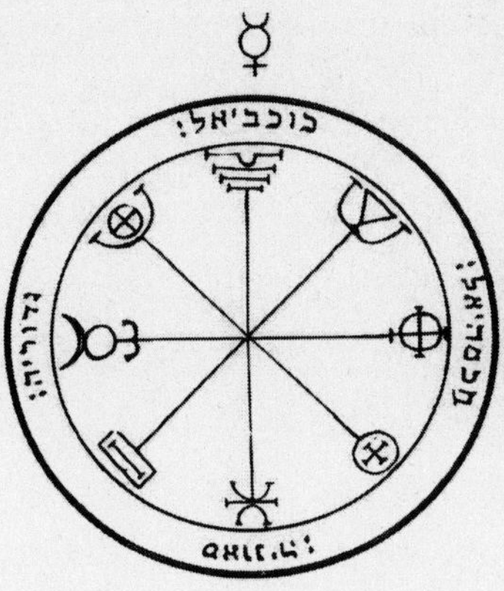

Fig. 46.

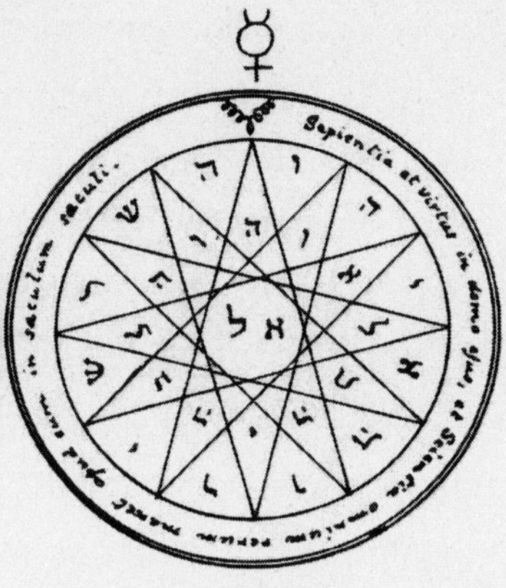

Fig. 47.

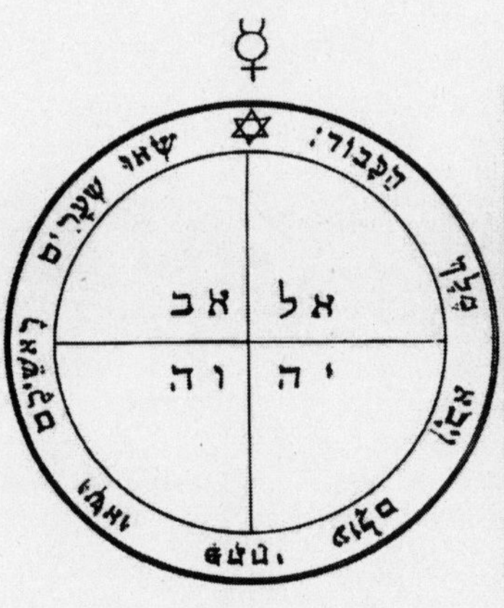

Fig. 48.

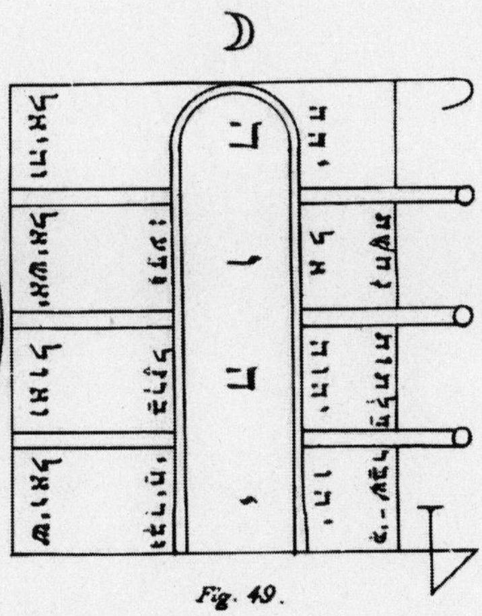

Fig. 49.

Apesar de cruzadas, pogroms, e uma igreja zelosa, o Medievo igualmente foi um período em que os escritos pagãos egípcios, gregos e romanos foram traduzidos e estudados, e clérigos viajavam para Espanha e o sul da França para aprender o misticismo judaico e as ciências árabes. A magia era religião, mas igualmente ciência.

Fica evidente que, para entender as origens do grimórios, devemos explorar o Mundo Antigo através do prisma da mente intelectual medieval.

No entanto, no Concílio de Toledo foi emitido um edito proibindo os clérigos e membros da igreja de serem feiticeiros ou magos, e de fazer amuletos; os que transgredissem a resolução seriam expulsos da igreja[96].

Conforme o cristianismo se tornava a única religião no final do primeiro milênio, o foco deixou de ser o clero e passou a ser as pessoas comuns. As crenças do paganismo davam lugar aos anjos caídos e seu governante Satanás, estes últimos cada vez mais associados aos praticantes de magia[97].

Mas, em alguns rincões da Europa, cultos com elementos pagãos e xamânicos sobreviveram, com a realização de reuniões noturnas (sabás) até os séculos XVI e XVII[98], pelo menos.

Lo Stregozzo, Agostino Veneziano, por volta de 1520.

Vale salientar que um dos nomes da deusa era Diana, nomenclatura usada pela Igreja. Por sua vez, a deusa era chamada na verdade de várias outras formas. O sincretismo entre os cultos pagãos e o cristianismo se fazia presente, mas muito provavelmente

96 Davies, 2009.
97 Davies,2009.
98 Ginzburg, 1989, 1991.

a roupagem cristã fosse a camuflagem de um substrato pagão muito mais antigo. O papel da Igreja foi demonizar os cultos e enquadrá-los às ideias oficiais, ou seja, ao sabá de adoração ao diabo. A igreja católica contribuiu a seu modo para a união entre Diana e as divindades germânicas da fertilidade, já que, durante as conversões desses povos, nomenclaturava as divindades locais de Diana, um nome "clássico". De outra feita, isso facilitava "encaixar" as crenças politeístas à sua teoria demonológica[99].

A influência da igreja fez também com que as deusas se confundissem no imaginário popular; as narrativas no púlpito acabavam criando o que em tese tencionavam erradicar. Não só a Igreja interpretava as divindades de outros locais como sendo as do mundo clássico, anteriormente os romanos muitas vezes faziam correlações entre as suas divindades e de outros povos. Faziam parte do Império populações celtas, teutônicas e eslavas dentre várias outras. Dessa forma, por exemplo, Diana – a deusa romana – ganhava atributos da Epona céltica. O Império Romano acabou por promover a fusão de cultos[100].

Isso produziu sincretismo entre algumas divindades. Para completar o quadro, no fim do Império, com a invasão dos bárbaros, mais tradições e influências se acumularam. A Itália foi conquistada por godos, vândalos, lombardos e hunos. Séculos depois, veio o Sacro Império Romano Germânico. Essas influências produziram lendas sobre a "cavalgada das bruxas", chefiada pela deusa Diana. Um sincretismo entre as divindades mediterrâneas e as germânicas.

Os nórdicos, em seus *Eddas*[101], mencionam que as bruxas iam para sua reunião montadas em lobos, javalis ou "paus de cerca".

---

99 Ginzburg, 1991.

100 Ginzburg, 1991.

101 Nome dado a duas coletâneas distintas de textos do século XIII, que compilavam histórias de deuses e heróis da mitologia nórdica e germânica. (N. E.)

Para termos uma ideia, as crenças em uma deusa noturna, "Diana", se mantiveram bem vivas em alguns locais da Itália. Em 1457, três senhoras foram processadas por causa disso. As acusadas chamavam a deusa de Bona Domina ou Richella. O bispo que as interrogou tentou convencê-las das loucuras de suas afirmações, dizendo que eram induzidas pelo demônio, por demência e ignorância. As senhoras haviam narrado que participavam de reuniões, nas quais se comia, bebia e dançava, e havia homens vestidos de peles; Richella surgira em uma carroça, era uma mulher bem-vestida, e ao tocar as senhoras fez delas suas seguidoras[102].

Essas "bruxas" eram praticantes de um culto extático de natureza xamânica, centrado na adoração de uma deusa. As partes da Europa que tiveram em sua história influência céltica eram locais proeminentes desses cultos.

É curioso como o padrão se repete em vários locais do Velho Mundo, de forma alguma mantendo um todo coeso, mas, por sua vez, mantendo vivos elementos do paganismo (ou xamanismo) até períodos recentes. Os locais mais impensáveis foram palcos desses cultos, como por exemplo a Sicília do século XVI. Na Romênia, por exemplo, a deusa tinha o nome de Irodiada ou Arada. Cario Ginzburg afirma:

> Relatos vindos de um lado a outro da Europa, em um intervalo de tempo milenar, trouxeram à tona os traços de uma religião extática predominantemente feminina, governada por uma deusa noturna de muitos nomes. Nessa deusa vislumbramos um hibridismo tardio, de divindades célticas (Ginzburg, 1991, p. 135).

---

102 Ginzburg, 1991.

Bruxas indo para o sabá, de Luís Ricardo Falero, 1878.

No julgamento de Isobel Gowdie, no Reino Unido, há narrativa do encontro com o mundo elemental, ou das fadas, mas prontamente os inquisidores levaram o julgamento ao ponto que os interessava, o Diabo. Os familiares das bruxas eram derivados dos espíritos dementais, fadas, gnomos etc., e não de demônios[103].

103 Ginzburg, 1991.

O processo de satanização das crenças é bem observado no caso dos benandanti, um culto da fertilidade que protegia as colheitas e lutava contra as bruxas (na verdade, uma batalha simbólica). A princípio o sincretismo entre o cristianismo e as crenças locais é harmonioso, e os benandanti são defensores das crianças e das colheitas; com o passar do tempo, eles se enquadram na visão do sabá satânico, fruto talvez de anos de pregação ou da evolução dos costumes e da degradação do ambiente[104]. O palco foi o Friuli, no norte da Itália, que era um rincão isolado, onde se encontravam as influências germânicas, eslavas e italianas. É possível rastrear cultos similares por todo o Leste Europeu, onde tradições xamânicas se mantêm vivas, unidas a elementos do cristianismo.

Santo Agostinho menciona que as religiões pagãs foram inventadas pelo Diabo para afastar as pessoas da fé cristã. Quando os fiéis cultuam as divindades pagãs, na verdade cultuam o Diabo. Por outro lado, a Igreja usurpava as características e os dons dos deuses pagãos para os seus santos. A Igreja tratou todos os cultos que encontrou da mesma forma, tanto que o termo pagão, em sua origem, é pejorativo, designando algo primitivo, rústico.

Um ponto curioso sobre a bruxaria/feitiçaria é o padrão muito similar encontrado nos locais mais diferentes e sem nenhum contato. A melhor, ou uma das melhores explicações, é o inconsciente coletivo e a teoria dos arquétipos.

Dessa forma, grosso modo, a bruxaria seria transmitida não linearmente, de bruxa para bruxa, mas sim, como um aspecto profundo da raça humana. Assim sendo ela poderia emergir nos locais mais distantes entre si, como de fato aconteceu. Isso explica, em parte, a similitude entre alguns aspectos da bruxaria africana

104 Ginzburg, 1989.

e da inglesa. Notei isso em minha pesquisa sobre vampiros e bruxaria, em que o padrão dos relatos se repetia da Malásia ao Caribe. Inúmeros outros pesquisadores se depararam com esse padrão, suscitando as mais diversas teorias.

A dança do Sabá, Émile Bayard, 1870.

A bruxaria é parte integrante da magia europeia, e não só no passado remoto. Alguns membros de ordens, como a Golden Dawn, fizeram pesquisas de campo, nas quais afirmam ter encontrado essas tradições vivas. Temos o relato de J. W. Brodie-Innes sobre as tradições celtas e de bruxaria, publicadas na revista *Occult Review* (vol. XXV), ou mesmo o brilhante artista plástico Austin Osman Spare, criador do Zos Kia Cultus, que foi iniciado pela senhora Paterson, uma americana que alegava ser descendente das bruxas de Salen.

Voltando aos grimórios, como vimos, a influência judaica nos grimórios é clara, a descoberta de um manuscrito mágico hebraico na Genizah do Cairo[105], que deve ter sido escrito no sul da Itália do século XI, serve de indicação de como informações esotéricas fluíam através do mediterrâneo.

A Cabala é um bom exemplo, somando-se à magia astral árabe em particular. Simplificando, a Cabala prática baseava-se na premissa de que o hebraico era a língua falada por Deus e, devido a isso, as letras do alfabeto hebraico estavam conectadas a Deus por meio de emanações divinas. Assim como os nomes secretos de Deus foram passados a Moisés, dando a chave da Torá. As implicações mágicas disso eram evidentes, o que despertou a atenção de magos islâmicos, cristãos e judeus. As combinações das letras hebraicas e os nomes secretos da divindade permitiam o contato com o mundo angélico, potencializar talismãs, dentre outras coisas. O fascínio era tão grande que alguns grimórios europeus simplesmente inventaram palavras e caracteres que pareciam hebraicos, mas em verdade sem significado. Uma palavra que não foi inventada, mas usada frequentemente foi o

105 Uma coleção de cerca de 400 mil fragmentos de manuscritos do sec. IX ao XIX recuperados de um depósito no Cairo. (N. E.)

tetragrammaton, que fez parte da magia popular europeia e além por meio de grimórios[106].

Mas aproximando a temática ao ritual que será apresentado, essas influências mágicas produziram no século XVIII alguns grimórios famosos, como o *Enchiridion*, o *Grimório do Papa Honório* dentre outros, mas nada superou *O Grande Grimório*. Permitindo-me um anacronismo, ele foi o primeiro bestseller diabólico. Perigoso e sensacional, trazia as instruções explícitas de como evocar e fazer um pacto diabólico. Partindo da premissa que Satã dera a Lúcifuge poderes sobre todas as riquezas e tesouros do mundo, e que, portanto, para os caçadores de tesouros franceses, ele era o mais importante dos espíritos. *O Grande Grimório* forneceu todas as instruções, conjurações e conselhos necessários para selar o pacto[107].

Só a posse do *Grande Grimório* já era vista como um pacto. Em 1804, no mesmo ano da coroação de Napoleão como imperador, era julgado um homem em Amiens pela posse de um grimório, provavelmente *O Grande Grimório*.

Meio século depois, a publicação ganhou uma nova versão: *O Dragão Vermelho* (*Dragon Rouge*). Em alguns círculos mágicos o livro foi um sinistro substituto da Bíblia!! Assim *O Dragão Vermelho* rivalizava em notoriedade com *O Pequeno Alberto*[108].

Usar rituais presentes nos papiros grego-egípcios fora dos seus contextos originais não aconteceu somente na Idade Média; o famoso Ritual do Não Nascido[109] presente no livro *Fragment Of A Græco-egyptian Work Upon Magic: From A Papyrus In The*

106 Davies, 2009.

107 Davies, 2009.

108 Davies, 2009.

109 REGARDIE, Israel. *The Bornless Ritual: several versions and a cursory analysis.* 1978. *COMPARISON OF 3 STAGES IN THE DEVELOPMENT OF THE BORNLESS RITUAL.* Disponível em: https://www.academia.edu/23281976/Bornless_Samekh_Comparison.

British Museum [110]foi usado na invocação preliminar da goétia[111] "criada" por Aleister Crowley e pela Golden Dawn. No entanto o ritual era originalmente um exorcismo! O objetivo do ritual para a Golden Dawn e Crowley era abrir a mente do aspirante para ele se tornar consciente do seu Sagrado Anjo Guardião[112, 113, 114].

Samuel Liddell MacGregor Mathers, na sua introdução ao *Livro da Magia Sagrada de Abramelin*[115], levanta alguns pontos interessantes e pertinentes à operação do conhecimento e conversação com o Sagrado Anjo Guardião, igualmente uteis aqui:

a. Que os bons espíritos e poderes angélicos da luz têm poder superior aos espíritos caídos das trevas;
b. Que estes últimos, como punição, foram condenados ao serviço dos iniciados da magia da luz, ideia que pode ser encontrada também no Corão, ou, como é frequente e talvez mais corretamente escrito, Qür-an;
c. Como uma consequência desta doutrina, todos os efeitos e fenômenos materiais ordinários são produzidos pelo trabalho dos maus espíritos sob o comando geralmente dos bons;
d. Que consequentemente toda vez que os espíritos maus conseguirem escapar do controle dos bons, não haverá nenhum mal que deixarão de operar a título de vingança;

---

110 Disponível em: http://dbooks.bodleian.ox.ac.uk/books/PDFs/N12810618.pdf.

111 Do grego *goêteia*, feitiçaria.

112 Regardie, 1978.

113 Sagrado Anjo Guardião, o *Self* da psicologia analítica, ou *Higher Self* (Fortune, 1984, Mathers, 1997, Wang, 1983, Regardie, 1984, 2003), *True Self* (Crowley, 1996). Para abranger o conceito da visão de Crowley, que vai do *Higher Self* a uma entidade separada e distinta, veja: *The Holy Guardian Angel* https://www.youtube.com/watch?v=GhekBhXBWH4&t=638s.

114 Muitas vezes ocultistas são acusados de "psicologizar" a magia, no entanto, o conceito *Higher Self* é oriundo da teosofia (Blavatsky, 1973, 2013), que, por sua vez, tem influência do hinduísmo.

115 Agradeço a permissão do uso de parte do texto a Marcelo Aquaroli, da Editora Anúbis.

e. Que, portanto, bem antes de obedecer ao homem, tentarão fazer dele seu servo, induzindo-o a celebrar pactos e acordos com eles;
f. Que para proceder a este projeto utilizarão todo meio que se ofereça para tornar o homem presa de obsessão;
g. Que para tornar-se um adepto, por conseguinte, e dominá-los, a maior firmeza possível de vontade, pureza de alma e intenção e poder de autocontrole são necessários;
h. Que isto deve somente ser atingido por autoabnegação em todos os planos;
i. Que o homem, portanto, é a natureza intermediária e controlador natural da natureza intermediária entre os anjos e os demônios, e que consequentemente a cada homem está naturalmente ligado tanto um anjo guardião quanto um demônio malevolente, assim como certos espíritos que podem se tornar familiares, de modo que depende de cada homem atribuir a vitória a quem ele deseja;
j. Que, portanto, a fim de controlar e se servir dos inferiores e maus, o conhecimento dos superiores e bons é exigido (isto é, na linguagem da teosofia da atualidade, o conhecimento do eu superior).

Disso se conclui que a *magnum opus* proposta nessa obra é: pela pureza e a renúncia do eu para assim obter o conhecimento e a conversação com seu anjo guardião, de maneira que, por meio disso e depois disso, possamos obter o direito de empregar os maus espíritos como nossos servos em todos os assuntos materiais.

VII

Ritual – Evocação de Lúcifer, do Grande Grimório[116]

Presságio! Ó mortais! tremam de sua própria temeridade quando aspiram cegamente à posse de uma ciência tão profunda.

Elevem suas mentes além de sua esfera limitada e aprendam de mim, que antes de empreenderem qualquer coisa é necessário que vocês se tornem firmes e imóveis, além de serem escrupulosamente atentos na observação exata, passo a passo, de todas as coisas que eu direi. Sem as precauções toda operação resultará em seu prejuízo, confusão e destruição total; enquanto, pelo contrário, seguindo minhas injunções com precisão, você se levantará de sua mesquinhez e pobreza, alcançando um sucesso completo em todos os seus empreendimentos.

---

116 Adaptado do livro *Le dragon rouge, ou l'Art de commander les esprits célestes, aériens, terrestres, infernaux, avec le vrai secret de faire parler les morts, de gagner toutes les fois qu'on met aux lotteries, de découvrir les trésors cachés.* Impresso em um manuscrito de 1522. B. Renault, Paris, 1845.

Satã em conselho, Gustave Dore, 1868.

Armem-se, portanto, com intrepidez, prudência, sabedoria e virtude, como qualificações para esta grande e ilimitada obra, na qual passei sessenta e sete anos, trabalhando dia e noite para alcançar o sucesso em um objetivo tão sublime.

Rezemos.

Você deve se abster de relações sexuais durante um quarto crescente da lua, para se proteger da possibilidade de impureza.

Antes de cada refeição, deve fazer a seguinte oração:

Oração

Eu rogo a Ti, ó Tu, grande e poderoso ADONAY, mestre de todos os espíritos! O ELOIM! Ó JEOVÁ! Ó Grande ADONAY, dou a Ti minha alma, meu coração, minhas entranhas, minhas mãos, meus pés, meus desejos, todo o meu ser! Ó grande ADONAY, digna-Te ser favorável a mim!

Que assim seja. Amém.

Medite continuamente em seu empreendimento e concentre todas as suas esperanças na bondade infinita do grande Adonay.

Na manhã seguinte à primeira noite do trimestre, deve comprar uma pedra de sangue, chamada hematita[117], que deve ser carregada continuamente com o karcista, por medo de acidente e na expectativa de que o espírito que se propõe obrigar e amarrar fará doravante tudo o que estiver ao seu alcance para dominar o operador com terror, de modo a incitá-lo a abandonar o empreendimento, esperando assim escapar das artimanhas que começam a ser tecidas em torno dele.

A próxima operação é a confecção de um boneco no formato de um cabrito. O boneco será decapitado no terceiro dia da lua. Antes do sacrifício, uma guirlanda de verbena deve ser enrolada no pescoço do boneco, imediatamente abaixo da cabeça, e preso por meio de uma fita verde. O sacrifício deve ser oferecido na cena da próxima evocação, um local abandonado e isolado, livre de qualquer interrupção. Ali, com o braço direito nu até o ombro, tendo se armado com uma lâmina de aço fina, e tendo acendido um fogo de madeira branca, o karcista deve recitar as seguintes palavras, de maneira esperançosa e enfática:

117 id est Hæmatites = hematita ou pedra de sangue.

Oferta inicial

> Eu imolo esta vítima a Ti, ó grande ADONAY, ELOIM, ARIEL e JEHOVAM, para honra, glória e poder de Teu nome, que é superior ao de todos os espíritos. Ó Grande ADONAY! Aceite recebê-la como uma oferta aceitável. Amém.

Aqui deve decapitar o boneco em forma de cabrito. Guarde a cabeça, o corpo deve ser jogado no fogo e reduzido a cinzas, pedaços, que devem ser recolhidas e lançadas na direção do sol nascente, repetindo ao mesmo tempo as seguintes palavras:

> É para honra, glória e domínio de Teu nome, ó grande ADONAY, ELOIM, ARIEL, JEHOVAM! Ó Tu, grande ADONAY, receba essas cinzas como um sacrifício aceitável.

Enquanto a vítima está sendo consumida pelas chamas, o operador deve regozijar-se na honra e glória do grande ADONAY, ELOIM, ARIEL e JEHOVAM.

Verdadeira composição do bastão de poder

Na véspera do grande empreendimento, você deve ir em busca de uma vara; seu comprimento deve ser de dezenove polegadas e meia. Ao encontrá-la diga, ao amanhecer, as seguintes palavras:

> Eu rogo a Ti, ó grande ADONAY, ELOIM, ARIEL e JEHOVAM, para ser propício a mim, e dotar esta baqueta com o poder e a virtude das varas de Jacó, de Moisés e do poderoso Josué! Eu também Te rogo, ó grande ADONAY, ELOIM, ARIEL e JEHOVAM, para infundir nesta vara toda a força de Sansão, a

justa ira de EMANUEL e os trovões do poderoso Zariatnatmik, que vingará os crimes dos homens no Dia do Juízo! Amém.

Tendo pronunciado essas palavras sublimes e terríveis, ainda manterá seus olhos voltados para a região do sol nascente.

Procure um ferreiro e incuba-o a fazer uma faca sacrificial com duas pontas de metal, que você deverá colocar no seu bastão.

Posteriormente, você deve obter um pedaço de magnetita e magnetizar as pontas de aço, pronunciando as seguintes palavras:

> Pelo grande ADONAY, ELOIM, ARIEL e JEHOVAM, eu te convido a se juntar e atrair todas as substâncias que eu desejo, pelo poder do sublime ADONAY, ELOIM, ARIEL e JEHOVAM. Eu te ordeno, pela oposição do fogo e da água, separar todas as substâncias, como elas foram separadas no dia da criação do mundo. Amém.

Finalmente, você deve se alegrar na honra e na glória do sublime Adonay, convencido de que possui um tesouro de luz inestimável.

Na noite seguinte, pegue sua vara, a pedra chamada hematita (pedra de sangue) e as duas guirlandas de verbena, bem como dois castiçais e duas velas de cera virgem. Pegue também, duas novas pederneiras[118] suficientes para acender um fogo, meia garrafa de conhaque, um pouco de incenso bento, cânfora e quatro pregos. Tudo isso deve ser levado ao local escolhido para o grande trabalho, onde tudo o que se segue deve ser escrupulosamente executado, e o temido círculo cabalístico deve ser descrito de maneira precisa.

---

118 Algo que produza fogo resolve.

Sobre uma verdadeira representação do Grande Círculo Cabalístico

Você deve começar formando um círculo[119] com tiras de pano, presas ao chão por meio de seus quatro pregos. Então, com a pedra chamada hematita, você deve traçar o triângulo dentro do círculo, começando no ponto leste. Um grande *A*, um pequeno *E*, um pequeno *A* e um pequeno *J*[120] devem ser desenhados da mesma maneira, como também o sagrado nome de Jesus entre duas cruzes. Dessa forma, os espíritos não terão poder para prejudicá-lo por trás. O karcista e seus assistentes podem, então, sem medo, prosseguir para seus lugares dentro do triângulo e, independentemente de quaisquer ruídos, podem colocar os dois candelabros e as duas coroas de verbena nos lados direito e esquerdo do triângulo dentro do círculo. Feito isso, as duas velas podem ser acesas, cuidando para que haja um novo braseiro na frente do karcista, empilhado com carvão recém-sagrado. Este deve ser aceso pelo karcista, derramando nele uma pequena quantidade de aguardente e uma parte da cânfora, reservando o restante para alimentar o fogo periódica e proporcionalmente à duração do negócio. Tendo cumprido pontualmente tudo o que foi mencionado acima, o operador principal pode repetir a seguinte oração:

> Apresento-Te, ó Grande ADONAY, este incenso como o mais puro que posso obter; da mesma forma, apresento a Ti este carvão preparado da mais etérea das madeiras. Eu os ofereço, ó grande e onipotente ADONAY, ELOIM, ARIEL e JEHOVAM, com toda a minha alma e todo o meu coração. Concede-Te, ó

---

119 Há uma infinidade de círculos e nomes de poder utilizados. O praticante pode escolher o que melhor lhe aprouver.

120 "Le grand A, le petit E, le petit A, et le petit J". RENAUT, B., 1845, p. 25.

grande ADONAY, recebê-los como um holocausto aceitável. Amém.

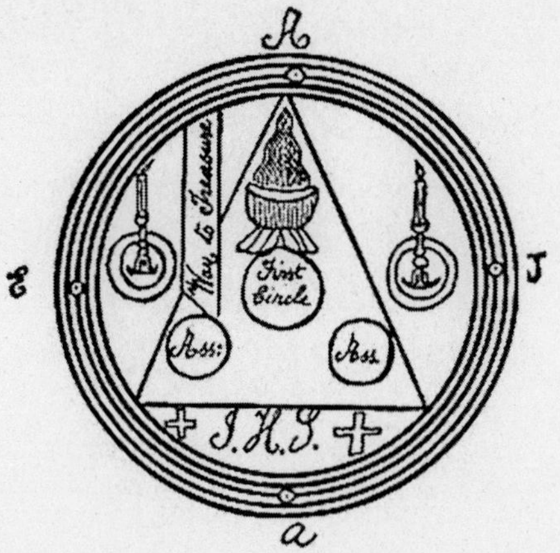

Você também deve ter cuidado para não ter nenhuma liga de metal consigo, exceto uma moeda de ouro ou prata embrulhada em papel, que você deve jogar para o espírito quando ele aparecer fora do círculo, para evitar que ele o machuque. Enquanto ele pega a moeda, comece prontamente a seguinte oração, fortalecendo-se com coragem, energia e prudência. Seja, também, especialmente cuidadoso para que o karcista seja o único orador; os assistentes devem guardar silêncio determinado, ainda que sejam questionados ou ameaçados pelo espírito.

Primeira Oração

Ó grande e vivo Deus, existindo em uma e na mesma pessoa, o Pai, o Filho e o Espírito Santo; adoro-Vos com a mais profunda veneração e submeto-me com a mais viva confiança à Vossa santa e suficiente proteção. Suplico com a mais sincera fé que Tu és meu criador, meu benfeitor, meu preservador e meu senhor, e testifico a Tua soberana majestade que meu único desejo é pertencer a Ti por toda a eternidade. Que assim seja. Amém.

Segunda Oração

Ó grande e vivo Deus, que criaste o homem para gozar da felicidade nesta vida, que moldaste todas as coisas às suas necessidades, sê favorável a este desígnio e permita que os espíritos rebeldes entreguem os tesouros que foram formados por Tuas próprias mãos para nossas necessidades temporais. Conceda-me, ó grande Deus, o poder de dispor deles pelos nomes potentes e terríveis em Tua Clavícula: ADONAY, ELOIM, ARIEL, JEHOVAM, TAGLA, MATHON, sede propícios a mim. Que assim seja. Amém.

Tenha o cuidado de alimentar a chama com conhaque, incenso e cânfora, e prossiga com o ofertório por meio da seguinte oração:

Ofertório

Eu ofereço a Ti este incenso, como o mais puro que pude obter, ó sublime ADONAY, ELOIM, ARIEL e JEHOVAM; permita-Se recebê-lo como um holocausto aceitável. Incline-Se para mim em Teu poder e permita-me ter sucesso neste grande empreendimento. Que assim seja. Amém.

Primeira Conjuração

Endereçado ao Imperador Lúcifer.

Imperador Lúcifer, mestre e príncipe dos espíritos rebeldes, eu te conjuro a deixar tua morada, em qualquer canto do mundo que esteja situada, e vir aqui ter comigo. Eu te ordeno e te conjuro, em nome do poderoso Deus, que apareças sem causar transtornos, que respondas com voz clara e inteligível, ponto por ponto, a tudo o que eu pergunte a ti; caso contrário, tu serás compelido a obedecer pelo poder dos nomes divinos ADONAY, ELOIM, ARIEL, JEHOVAM, TAGLA, MATHON, e por toda a hierarquia de inteligências superiores, que te constrangerão contra tua vontade.

Venite, venite!

Submiritillor Lucifuge, ou o tormento eterno o dominará, pelo grande poder deste bastão. In subito.

Segunda Conjuração

Eu te ordeno e te conjuro, Imperador Lúcifer, como representante do poderoso Deus vivo, e pelo poder de Emanuel, Seu filho, que é teu mestre e meu, e pela virtude de Seu precioso sangue, que Ele derramou para redimir a humanidade de suas correntes, ordeno-te que deixe sua morada, onde quer que seja, jurando que te darei um quarto de hora. Se você não vier imediatamente ter comigo em uma voz audível e inteligível, ou, se a tua presença pessoal for impossível, despacha-me o teu mensageiro Astaroth em forma humana, sem causar nenhum tipo de problema, caso contrário, ferirei a ti e toda a tua raça com o bastão, mesmo nas profundezas dos abismos sem fundo, e isso pelo poder destas grandes palavras na Clavícula — por ADONAY, ELOIM, ARIEL, JEHOVAM, TAGLA, MATHON, ALMOUZIN, ARIOS, PITHONA, MAGOTS, SYLPHÆ, TABOTS, SALAMANDRÆ, GNOMUS, TERRÆ, CŒLIS, GODENS, AQUA. In subito.

Atente!

Antes de proferir a terceira conjuração, caso o espírito se recuse a obedecer, leia o que se segue na Clavícula, e golpeie todos os espíritos mergulhando nas chamas ambas as extremidades bifurcadas de sua vara. Não se assuste ao fazê-lo com os uivos assustadores que você pode ouvir, pois neste momento extremo todos os espíritos se manifestarão. Então, antes de ler a Clavícula, e no meio da comoção, recite a terceira conjuração.

Terceira Conjuração

Eu te conjuro, Imperador Lúcifer, como representante do forte Deus vivo, e pelo poder do grande ADONAY, ELOIM, ARIEL e JEHOVAM, para aparecer instantaneamente ou enviar o mensageiro Astaroth, forçando-te a abandonar teu esconderijo, onde quer que seja, e avisando-te de que se tu não manifestares neste momento, eu imediatamente te ferirei e toda tua raça com o bastão do grande ADONAY, ELOIM, ARIEL e JEOVAM etc.

Neste ponto, se o espírito ainda não aparecer, mergulhe as duas pontas de sua vara uma segunda vez nas chamas e recite as seguintes palavras poderosas da Grande Clavícula de Salomão:

Grande Conjuração

Extraído da Clavícula verdadeira.

Eu te conjuro, ó espírito! pelo poder do grande ADONAY, a aparecer instantaneamente, e por ELOIM, por ARIEL, por JEHOVAM, por AQUA, TAGLA, MATHON, OARIOS, ALMOAZIN, ARIOS, MEMBROT, VARIOS, PITHONA, MAJODS, SULPHÆ, GABOTS, SALAMANDRÆ, TABOTS, GINGUA, JANNA, ETITNAMUS, ZARIATNATMIX etc. A. E. A. J. A. T. M. O. A. A. M. V. P. M. S. C. S. J. C. G. A. J. F. Z. &c.

Depois de uma segunda repetição dessas palavras sublimes e poderosas, pode ter certeza – como afirma o depoimento – de que o espírito responderá da maneira que se segue:

Da manifestação do espírito.

Eis que estou aqui! O que procuras de mim? Por que perturbas meu repouso? Não me bata mais com essa vara pavorosa!
LUCIFUGE ROFOCALE

Responder ao espírito.

Se você tivesse aparecido quando eu o invoquei pela primeira vez, eu não o teria ferido de forma alguma; lembra-te, se o pedido que te faço for recusado, estou determinado a atormentar-te eternamente.

SALOMÃO[121]

A resposta do espírito.

Não me atormente mais. Diga, em vez disso, o que você exige de minhas mãos.

LUCIFUGE ROFOCALE

A requisição.

Eu exijo que você se comunique, duas vezes em cada noite da semana, comigo mesmo ou com aqueles que estão encarregados deste livro, o qual você aprovará e assinará; permito-te a escolha das horas que te convém, se não aprovares as que agora enumerarei.

A saber:

Na segunda-feira às nove horas e à meia-noite.

Na terça-feira às dez horas e à uma da manhã.

Na quarta-feira às onze horas e às duas da manhã.

Na quinta-feira às oito e dez horas.

Na sexta-feira às sete da noite e à meia-noite.

No sábado às nove da noite e às onze da noite.

Além disso, eu te ordeno que me entregue o tesouro mais próximo, e eu te prometo como recompensa a primeira peça de ouro ou

121 Como no teatro há um diálogo entre Salomão (o karcista) e Lúcifer, evidente que a conversa real será completamente diferente, ou não. No entanto sugiro evitar o estilo "discussão de casal".

prata que eu tocar com minhas mãos no primeiro dia de cada mês. Tal é a minha demanda.

SALOMÃO

A resposta do espírito.

Não posso atender ao seu pedido nesses termos, nem em nenhum outro, a menos que você se entregue a mim em cinquenta anos, para fazer com seu corpo e alma o que eu quiser.

LUCIFUGE ROFOCALE

Atente!

Aqui, mergulhe as pontas da vara no fogo e repita a Grande Conjuração da Clavícula até que o espírito se entregue à sua vontade.

Resposta e conformidade do espírito.

Não me fira mais; comprometo-me a fazer o que quiser várias vezes todas as noites da semana.

Na terça-feira às onze horas e à uma da manhã.

Na quarta-feira à meia-noite e às duas da manhã.

Na quinta-feira às oito e às onze horas.

Na sexta-feira às nove horas e à meia-noite.

No sábado às dez horas e à uma da manhã.

Eu também aprovo o teu livro, e dou-te a minha verdadeira assinatura no pergaminho, que deverás afixar na sua extremidade, para usares conforme a tua necessidade. Além disso, coloco-me à tua disposição, para comparecer diante de ti ao teu chamado quando, sendo purificado, e segurando a vara, tu abrires o livro, tendo traçado o círculo cabalístico e pronunciado a palavra Rofocale. Eu te prometo ter um trato amigável com aqueles que são fortalecidos pela posse do referido livro, em que minha verdadeira assinatura está, contanto que eles me evoquem de acordo com a regra, na primeira ocasião em que me solicitarem. Também me comprometo a entregar-te o tesouro que procuras, com a condição de que guardes o segredo para sempre inviolável, sejas caridoso com os pobres e me dês uma moeda de ouro ou prata no primeiro dia de cada mês. Se você falhar, você é meu para sempre.

LUCIFUGE ROFOCALE

IMPRIMATUR

Responder ao espírito.

Eu concordo com suas condições.

SALOMÃO

CENTUM REGNUM

CHIAMTA DI LUCIFERO.

LUCIFER, OUIA, KAMERON, ALISCOT, MANDESUMINI, POEMI, ORIEL, MAGREUSE, PARINOSCON, ESTIO, DUMOGON, DIVORCON, CASMIEL, HUGRAS, FABIEL, VONTON, ULI, SODIERNO, PETAN!

Venite, Lucifer. Amen.

PROMESSE DE L'ESPRIT

CAPO PRIMO

Io Lucifero Imperatore potentissimo, supremo ed indipendente, libero ed assoluto padrone di tutto il Regno sotterraneo, dispotico Signor in tutte le mie giuridizioni, formidable, terrible, nobilissimo, al cui Impero tutto regolatissimo si muove e governa, arbitro di tutte le fortune, di tutte le sciagure, sapiente e sagace, e fortuito d'ogni più sublime luminoso carattere, Dominatore dell'Europa e di tutte le sciagure ed Asia in particolare.

CAPO SECUNDO

PROMETTO e giuro al nome di Dio da viventi obbedienza, prontezza e sommissione al padroue di quesio libro firmato e giurato al nome suddetto, e dei miei suddetti caratteri, ed in virtù di tal giuramento e sottosignazione, giuro d'aderire a tutto quello che più sarà in piacere del padrone di questo libro.

CAPO TERZO

Più, prometto e giuro per parte dei miei sudditi l'istesso; Onde alsolo leggere che si farà della mia chiamata al capo primo di questo libro, di comparir subito, senza strepito, rumore o qualsiasi altro chiazzo che possa offendere, o intimorire il padrone di questo libro, rispondendo giustamente con chiarezza, senza anfibologia alle sue interrogazioni, ed eseguendo pure quando mi verrà comandato, con tutta realtà, e sincerità, senza che debbono precedere profiumi o altre invocazioni, magiche azioni, circoli, o ceremonie, ma pensi instantatamente essermi pronto eseguitore de' suoi comandi.

CAPO QUARTO

Senza che in tali occasioni mai offenda le compagnie, o altre cose del mondo, è compito il mio servizio di subitamente partire senza strepito alcuno.

CAPO QUINTO

Più, prometto e giuro nella forma predetta, sua universalissima servitù di tutti i miei sudditi al padrone di questo libro senza diferenza alcuna di dignità od altre ragioni, ma ogni qual volta, tempo, stagione, anno, mese, settimana, giorno, ora, quarto ed instante che sara letta la mia chiamata, di comparire in forma di bel giovine, e di somministrali qualsisia de' miei sudditi in servizio al padrone di questo libro, e di non partire se prima non sarà licenziato colla semplice formola o da me, o dagli altri.

CAPO SESTO

Più, prometto e giuro per me e tutti gli altri al nome di Dio e dei nostri misteriosi caratteri, segretezza, fedeltà inviolabile, senza punto mai contravvenire al mio giuramento e promessa.

CAPO SETTIMO

Più, prometto e giuro io in particolare per tutti i miei sudditi di proteggere e di difendere il padrone di questo libro da tutti le fragure, paricoli, ed altre naturali ed accidentali vicende, ed in caso, per qualunque suo bisogno saro chiamata, di assisterlo, e provederlo di tutto il bisogno, abenchè non sii notato in questo libro.

Modo di licenziare.

Ite in pace a loco vestro et pax sit inter vos redituri ad me cum vos invocavero, in nomine Patris, et Filii et Spiritus Sancti.

Amen.

Convite do Espírito

Siga-me e venha colocar suas mãos sobre o tesouro.

Em seguida, o karcista, armado com a vara e a pedra chamada hematita, sairá do círculo naquele ponto onde a porta do poderoso Adonay está figurada e seguirá o demônio; os assistentes, no entanto, não se afastarão um passo do círculo, mas permanecerão firmes e imóveis dentro dele, sejam quais forem os relatos que ouvirem, sejam quais forem as visões que tiverem. O espírito deve então conduzir o karcista para a vizinhança do tesouro, quando pode acontecer que o karcista veja a aparição de um cachorro grande e feroz, com uma coleira tão resplandecente quanto o sol. Este será um gnomo, que ele poderá afugentar com a ponta de sua vara quando a aparição partir em direção ao tesouro. O karcista deve segui-lo e, ao chegar ao tesouro, ficará surpreso ao descobrir a pessoa que o escondeu, que também se esforçará para agarrá-lo, mas será incapaz de se aproximar dele. O karcista deve estar com o pergaminho virgem com a inscrição da Grande Conjuração da Clavícula. Isso ele deve lançar sobre o tesouro, agarrando uma de suas moedas ao mesmo tempo. A moeda será dada como um penhor e uma fiança, e depois de jogar fora um pedaço de seu próprio dinheiro mordido por seus próprios dentes, ele poderá se retirar, andando para trás e levando embora o que puder do tesouro. Ele deve, no entanto, tomar cuidado para não se virar, seja qual for o ruído que possa ouvir, pois nesse momento crítico realmente parecerá que todas as montanhas do mundo estão sendo precipitadas sobre ele. Ele deve, por essa causa, ser fortalecido com intrepidez especial; não deve se assustar com nada, mas manter-se perfeitamente firme. Agindo assim, ele será conduzido pelo demônio de volta à entrada do círculo. Então o karcista deve recitar a seguinte licença para partir, dispensando Lúcifer.

Conjuração e licença para partir do Espírito

> Ó Príncipe Lúcifer, estou, por enquanto, contente contigo. Deixo-te agora em paz e permito-te que te retires para onde te aprouver, sem fazer barulho e sem deixar atrás de ti qualquer mal. Esteja atento, no entanto, ao nosso compromisso, pois se você falhar nele, mesmo que por um momento, tenha certeza de que eu o ferirei eternamente com a vara do grande ADONAY, ELOIM, ARIEL e JEHOVAM. Amém.

Ato de graça

Ó Deus onipotente, nós Te rendemos os mais humildes agradecimentos pelos benefícios que, em Tua grande generosidade, Tu derramaste sobre nós durante esta noite de Teus inestimáveis favores, que Tu tens nos concedido de acordo com nossos desejos. Agora, ó Deus Todo Poderoso, percebemos todo o escopo de Tuas grandes promessas, quando Tu disseste: buscai e achareis, batei e será aberto. E como Tu nos ordenaste e avisaste para socorrer os pobres, nós Te prometemos, na presença do grande ADONAY, ELOIM, ARIEL e JEHOVAM, ser caridoso e derramar sobre eles os benéficos raios do sol com os quais estas quatro potentes divindades nos enriqueceram. Que assim seja. Amém.

VIII

Magia hebraica – O golem

"Então o Senhor Deus formou o homem do pó da terra
e soprou em suas narinas o sopro da vida,
e o homem se tornou um ser vivente".
Gênesis 2:7

O conceito do golem pode ter surgido na tradição judaica ou ter elementos do hermetismo, como, por exemplo, a criação e a animação de estátuas que abordamos aqui; mas vale a pergunta, por sua vez, qual a influência judaica no hermetismo?

As técnicas para produzir um golem são de origem asquenaze[122], escritas no século XIII ou posterior, embora devam ser anteriores a isso. Elas têm em comum o pó como matéria prima, moldado na água e a recitação de letras hebraicas para animá-lo[123].

Um texto de meados do século XI[124] traz uma passagem bastante interessante, ao interpretar a criação do homem artificial não como um ser real, mesmo que imperfeito, mas sim como uma ilusão mágica, que não difere em princípio dos feitos dos magos egípcios. Esse homem artificial não é criado com ajuda de Deus, nem com o emprego da linguagem ou do *Sefer Yetzirah*.

---

122 Os judeus da França e Alemanha ficaram conhecidos como asquenazes. Os asquenazes eram considerados um povo "isolado", isto é, um grupo populacional separado de outros. (N. E.)
123 Idel, 1992.
124 Ozar ha-Geonim, Sanhedrin.

Essa criação ilusória se insere em uma polêmica entre magos pagãos e judeus que não aprofundarei aqui[125].

De toda forma, usar o *Sefer Yetzirah* para criar um homem artificial era imaginado desde essa época, porém, é difícil encontrar qualquer alusão detalhada desse processo associada ao livro. O *Sefer Yetzirah* trata da criação do universo *per se*, assim sendo, a criação do homem também está relacionada. Não esquecendo que o livro traz a correspondência entre as letras hebraicas e o corpo humano, uma pista da técnica combinatória para a criação do homem, pois as correspondências são concebidas como linhas orientadoras para essa atividade. Possivelmente os comentários de Abraham ibn Ezra e Yehudah he-Hasid serviram de inspiração a dois nomes associados à criação de humanos artificiais: Abraham Abulafia e Eleazar de Worms. Dessa maneira, os asquenazes ampliaram e aprofundaram as técnicas de criação do golem[126].

Quase todos os autores medievais e modernos que trataram do golem mencionaram o *Sefer Yetzirah,* sendo este um dos tópicos mais famosos ligados ao livro[127]. O livro deve ter sido escrito entre os séculos III e VI EV, por um judeu neopitagórico[128]. É o mais misterioso e antigo dos textos cabalísticos. Referências ao *Sefer Yetzirah* existem desde o primeiro século, na tradição é atribuído à época bíblica, porém, os primeiros comentários sobre o livro foram escritos no século X EV[129, 130]. É um livro obscuro, necessitando de uma análise mais cuidadosa; estudando cada

---

125 Idel, 1992.

126 Idel, 1992.

127 Idel, 1992.

128 Scholem, 1969.

129 Era Vulgar.

130 Idel, 1992.

palavra com seus paralelos na literatura bíblica e talmúdica, o leitor conseguirá penetrar os véus[131].

Em geral, a Cabala é dividida em três categorias: a teórica, a meditativa e a mágica. O *Sefer Yetzirah* é um texto mágico meditativo, e nas antigas tradições talmúdicas poderia ser usado para criar seres vivos. Entre eles, o golem. "*Especially significant are the many reports and legends in which the Sefer Yetzirah is used to create a Golem, a sort of mystical android*" (KAPLAN, 1997, p. 10).

Combinações das letras do alfabeto hebraico são a técnica para criar o mundo e, ao mesmo tempo, a substância. O material para a criação relata o *Sefer Yetzirah*. As sephiroth[132] são a infraestrutura numérica do Cosmos.

Mas se o texto em si não menciona a criação de "boneco de barro, ou pó", certas passagens podem fundamentar a criação do golem[133].

Algumas formas de criar o golem, presentes em manuscritos, têm similitude com a criação do mundo. Pensando no *Sefer Yetzirah*, mais precisamente no último capítulo, há possiblidade de que haja uma afinidade oculta entre a criação de um homem artificial. E do que se trata esse último capítulo: a estreita relação das letras e o corpo humano, e, por outro lado, com o zodíaco, as constelações e os planetas[134]. O texto é astrológico e ainda pode trazer a astrologia de Abraão (Abraham)[135]! Seguindo a suposição de comentadores medievais, a criação de um golem envolveria, igualmente, uma operação astrológica, tendo em vista a relação das letras do alfabeto hebraico, do corpo humano e dos corpos celestes[136].

---

131 Kaplan, 1997.

132 O termo Sephirot, em hebraico, significa, originalmente: número, contagem ou estatística. Foi usado pela primeira vez num sentido metafísico pelo autor do *Sêfer Ietsirá*. (N. E.)

133 Idel, 1992.

134 Idel, 1992.

135 Kaplan, 1997.

136 Idel, 1992.

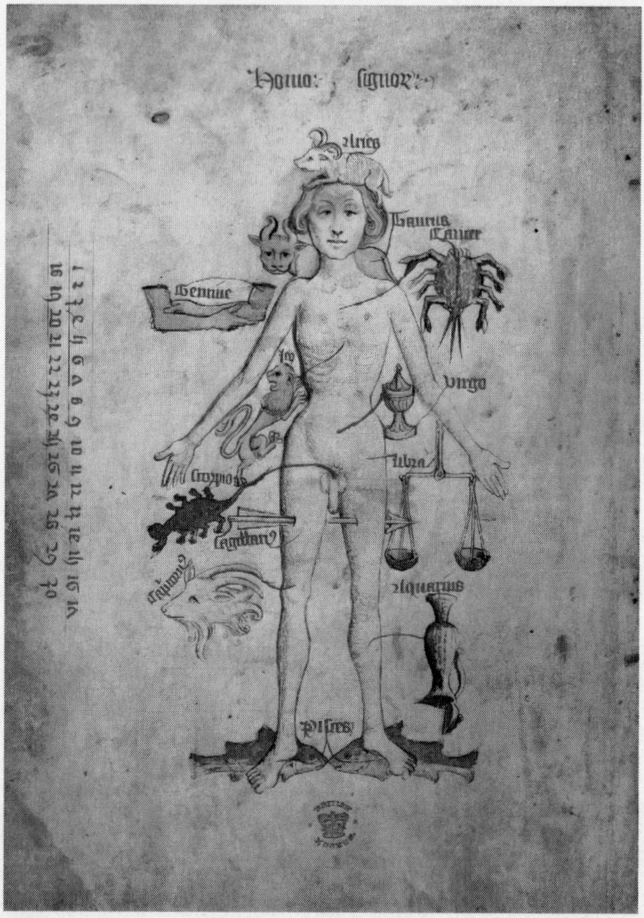

Homem zodiacal. Livro da Guilda dos Cirurgiões Barbeiros, Londres, Museu Britânico, MS Egerton 2572, 1486.

Algumas passagens desse livro são cruciais para a criação do golem. Os nomes de Deus e as letras que são elementos estruturais, com os quais o edifício da criação foi construído. O termo hebraico empregado pelo autor ao falar das consoantes como "letras elementares", sem dúvida, reflete a ambivalência da palavra grega *stoicheia*, que significa tanto letras quanto elementos[137].

137 Scholem, 1969.

Para a tradição, o autor do *Sefer Yetzirah* seria Abraão, que era o maior astrólogo e místico da sua época, conhecedor dos mistérios mesopotâmicos e egípcios. Outro ponto importante é o significado interno do alfabeto hebraico. Sendo Abraão o autor, o livro remontaria ao século XVIII antes da Era Vulgar; não seria de todo surpreendente, tendo em vista outros textos místicos, como os *Vedas*, que são desse período.

Abraão contemplando as estrelas, Ephraim Moses Lilien, 1908.

Era subentendido no judaísmo, desde a Idade Média, que o *Sefer Yetzirah* ensinava como criar um golem – apesar das "várias receitas"[138] de como fazê-lo por meio da combinação das letras –, mas aparentemente não havia um consenso. Há um paralelo com as potencialidades mágicas da própria Torá, que foram ocultadas por Deus para que a vida cotidiana não fosse perturbada por, acidentalmente, colocar em curso operações extraordinárias. Assim, é de se imaginar que essa atitude também foi adotada, em princípio, com relação à técnica de combinar letras para obter um efeito extraordinário[139].

Há um paralelo na criação do golem e a criação de Adão por Deus; assim sendo, a pessoa que cria um golem está se colocando no papel de Deus, uma emulação ou antagonismo do papel criativo Dele. Há uma relação etimológica entre Adão e a palavra terra *adamah*, apesar de que a palavra não é mencionada no Gênesis, e a conexão linguística é contestada por estudiosos semitas. Entretanto, essa ligação etimológica é muito enfatizada nos comentários talmúdicos e rabínicos; Adão é um ser que foi tirado da terra, a quem o sopro divino conferiu vida, mas a ela voltou ao final[140].

Em uma passagem do *Sefer Yetzirah,* Abraão é colocado como imitador de Deus, usando os mesmos verbos que Deus, imitando o ato da criação, então se trata de um ritual mágico[141]! E Abraão repetiu o ato criativo de Deus e foi bem-sucedido, sendo recompensado por Deus e tornando-se parceiro de Deus em sua aliança com Israel[142]. Uma interpretação é que o ponto central

138 Aspas minhas e não de Moshe Idel.

139 Idel, 1992.

140 Scholem, 1969.

141 Scholem, 1969. Schäfer, 1995.

142 Schäfer, 1995.

não é tanto a criação em geral, mas, sim, a criação de humanos, dessa forma Abraão seria o primeiro criador de golens. Podemos chegar a essa conclusão, baseados em comentários medievais, principalmente dos círculos hassídicos alemães, que abordam o Gênesis 12:5[143].

Sabbath, Ephraim Moses Lilien, 1923.

Os membros e o corpo humano como um todo têm uma letra correspondente no *Sefer Yetzirah,* o microcosmo correspondendo ao macrocosmo. O ato de criação tem uma tonalidade distintamente mágica. O mundo consiste em todas as combinações possíveis de letras, cuja essência e clímax é o nome único de Deus, o tetragrammaton[144].

---

143 Scholem, 1969. Schäfer, 1995.

144 Schäfer, 1995.

Porém um fato emerge do golem, sua criação e lenda: o antropoide não consegue falar. A criação divina é feita pela palavra, pela fala "disse Deus: Haja luz; e houve luz"[145]. Por sua vez, o *Sefer Yetzirah* coloca as letras como a estrutura do Cosmo. Elohim cria algo parecido consigo, o ser humano, e dota sua criação com o poder da fala e de dar nomes. Esse detalhe distingue a sua criação da criação de um golem, que pode ser feita por humanos.

Algumas histórias de golens, atribuídas a personagens de tempos recuados[146], demonstram que o golem não consegue falar.

Um deles foi feito pelo profeta Jeremias (650-570 aEV[147]) e seu filho Ben Sira; eles criaram um golem, mas não o mantiveram. Rava (299-353 EV) criou um e o enviou a Rav Zeira, que fez algumas perguntas ao androide, que não respondeu, então, ele teve certeza de se tratar de um golem, e o fez retornar ao pó[148].

Peter Schäfer (1995) faz uma observação bastante interessante sobre as bases metodológicas de Moshe Idel[149]: a "abordagem fenomenológica". Coletando informações sobre um determinado tema ao longo do tempo e em locais diferentes, sem necessariamente conseguir estabelecer conexões, partindo do pressuposto de que canais subterrâneos faziam tradições virem à tona de tempos em tempos.

Sugiro a leitura do original, mas me atento a uma parte específica do texto de Schäfer. Ao tratar dos autores medievais, ele diz que esses tinham todo o direito de interpretar a criação de Abraão no *Sefer Yetzirah* como a criação de um golem, ou

145 Gênesis 1:3.

146 Kaplan, 1997.

147 Antes da Era Vulgar.

148 Kaplan, 1997.

149 Golem: Jewish magical and mystical traditions on the artificial anthropoid. State University of New York Press, 1990.

mesmo de golens, mas parece muito duvidoso que eles estivessem certos historicamente, no sentido de que o *Sefer Yetzirah,* em seu próprio contexto histórico, referir-se à criação de um golem, e não à criação de um mundo.

Partindo de um ponto de vista mágico e prático, e lendo os especialistas[150] e os textos por eles citados, fica evidente as várias interpretações das passagens do *Sefer Yetzirah* (e a heterogenia delas). Lembrando que o grande agente mágico é o ser humano, dessa forma, "assim é se lhe parece[151]". Em outras palavras, mais importante do que estabelecer qual era o significado original do texto é ter em mente que muitos o leram, e o interpretaram, e criaram, baseados em suas próprias conclusões. Assim, o resultado alcançado, a criação, o sucesso em obtê-la, será o definidor; de forma super simples: se funciona, está certo.

Como criar um golem

Nos valendo das instruções de Eleazar de Worms para a criação de um golem, a primeira evidência inquestionável desse ato de dar vida a uma criatura artificial utilizava-se de um procedimento do *Sefer Yetzirah:* a permutação de letras para a criação de um homem artificial.

Três etapas são descritas[152]:

- Um Ritual preparatório;
- A feitura do corpo a partir do pó;
- A permutação das letras do alfabeto hebraico.

150 Gershom Scholem, Moshe Idel e Peter Schäfer.

151 Tendo como inspiração *Così è (se vi pare)* [Assim é (se lhe parece)], de Luigi Pirandello, que trata da natureza da verdade, e da "realidade objetiva".

152 Schäfer, 1995.

Ritual preparatório

Vestir roupas brancas, prática bem conhecida em contextos mágicos e místicos. A purificação não é mencionada, mas pensando no misticismo mercavah, muito possivelmente incluía jejum, abstinência sexual, rituais de banho, dentre outros. O ato de criação do golem não deve ser feito sozinho[153].

É um procedimento muito complicado, e que possivelmente foi parcialmente corrompido na transmissão do texto[154]. No texto de Eleazar são mencionados 221[155] portais, enquanto no *Sefer Yetzirah são* 231[156, 157]. Nos textos que chegaram a nós, as tabelas de combinações do alfabeto hebraico estão incompletas[158].

Para acessar as tabelas de
Eleazar de Worms e outras explicações.

Uma característica adicional, que não consta no *Sefer Yetzirah*, é utilizar o tetragrammaton para a permutação das letras. A

---

153 Schäfer, 1995.

154 Schäfer, 1995.

155 O rabino Aryeh Kaplan, porém, dá uma fundamentação do porquê de serem 221 portões. Kaplan, 1997.

156 Schäfer, 1995.

157 Scholem, 1969.

158 Scholem, 1969.

vocalização das letras da permutação provavelmente é outra adição dos hassídicos asquenazes[159].

Outra variante do processo aparece no final do século XIII. Nos comentários pseudo-Sa'adya[160] ao *Sefer Yetzirah,* a criatura feita do solo virgem é enterrada, e, com um círculo desenhado ao seu redor, o mago giraria em torno recitando o alfabeto. Se ele anda para a frente, a criatura se levanta, se, ao contrário, ele anda para trás, ela afundará no solo e morrerá[161, 162].

Eleazar diz que os adeptos devem ir a uma montanha pegar um pouco de terra virgem, ou seja, que não foi usada em agricultura[163]. Essa prática reforça o paralelo com Adão, pois ele também foi criado de solo virgem[164]. Os adeptos então devem moldar a terra com água corrente e produzir um golem a partir dela[165].

Sobre essa figura são recitadas as combinações dos 221 portões de Eleazar. O traço característico deste procedimento é que nem as 221 combinações em si são recitadas, mas combinações de cada uma de suas letras com cada consoante do tetragrammaton. Os hassídicos reconheciam as vogais a, e, i, o, u.

Possivelmente, a combinação das letras limita-se a "combinações de duas letras", uma do *Sefer Yetzirah* e outra do tetragrammaton, ou seja, as 22 letras do alfabeto hebraico combinadas com as quatro letras[166] do tetragrammaton. A recitação tem um caráter tanto mágico quanto meditativo, é de se imaginar que o ritual conduzisse ao êxtase os participantes; sequências rítmicas

159 Schäfer, 1995.
160 Scholem, 1969.
161 Scholem, 1969.
162 Schäfer, 1995.
163 Schäfer, 1995.
164 Scholem, 1969.
165 Schäfer, 1995.
166 Vale lembrar que o *He* aparece duas vezes no nome de quatro letras.

com suas modulações de sons de vogais produziria um estado alterado de consciência[167].

Como vimos, há uma variação nas formas e nas interpretações de como fazer um golem. O leitor, caso tenha interesse, é incitado a ler os livros aqui citados e testar outras maneiras de executar essa operação mágica.

Na sequência abordo uma das formas de como fazer o golem; ela igualmente pode ser a base para outras experimentações.

A feitura do androide pode englobar uma operação mental, de visualização, meditação e material com a moldagem do boneco.

A experiência das sephiroth só pode ser alcançada com a mente vazia; tanto que, em muitas das técnicas cabalísticas, a pronúncia e repetição dos nomes sagrados funcionava como um mantra; essas seriam as ferramentas para silenciar a mente[168]. Por outro lado, há uma relação entre a pronúncia das letras e dar-lhes vida por meio do alento. As letras carregam informação, e, da combinação dessas, Deus criou todas as coisas.

Para acessar a pronúncia e a combinação das letras dos 231portais.

---

167 SCHOLEM, 1969, p. 185. "The characteristic feature of this procedure is that not the 221 combinations themselves are recited, but combinations of each of their letters with each consonant of the tetragrammaton according to every possible vocalization (the Hasidim recognized the five vowels a, e, i, o, and u).

168 Kaplan, 1997.

Pensando nos 231 portais para se fazer o golem, uma das técnicas é combinar cada letra com todas as outras. Logo, temos 22 x 21= 462 letras. Mas como cada par é um portal, então, dividimos 462 / 2 = 231[169].

O adepto deve olhar para o solo[170] ao seu redor e imaginar cada letra do alfabeto hebraico, começando pelo Aleph. As letras serão dispostas mentalmente na vertical ao seu redor, formando um círculo. Continuando, ele irá ligar mentalmente cada letra às outras 21, começando com o Aleph. Ao fazer isso, ele pronunciará o nome das duplas – as duas letras associadas. As linhas que ligam as letras passarão por cima da sua cabeça, formando uma abóboda. Para criar o golem, a ordem é essa; para destruí-lo é feito o contrário, ou seja, começar por Tav e terminar em Aleph[171].

Outros métodos têm o inconveniente de demorar horas – ou mesmo dias – para serem feitos, sem falar que erros não podem ser cometidos; caso isso aconteça, no mínimo, deve-se reiniciar a operação. Fora os perigos inerentes à criação. Relativo à permutação com o tetragrammaton há, ao menos, meia dúzia de pontos de vista diferentes sobre a ordem das vogais; se isso for crucial, o magista terá de prosseguir por uma senda perigosa de tentativa e erro até acertar a combinação correta[172].

Outro ponto crucial é que os autores dizem que estão apenas apresentando o método de uma forma esquemática, e não explicando-o em sua totalidade[173].

---

169 Kaplan, 1997.

170 Treinos básicos são essenciais para obter concentração, *introvisão* etc.

171 Kaplan, 1997.

172 Kaplan, 1997.

173 Kaplan, 1997.

IX

Magia alemã – Spiegelpuppe (boneca espelho)

Por Wagner Perico [174]

Você já ouviu falar de políticos, empresários ou artistas com sósias que trabalham para eles? A função desses sósias é desviar a atenção ou o perigo que pode incidir sobre quem "fingem" ser, assim como acontece com um dublê numa cena de perigo de um filme. Pois bem, é esse princípio que utilizamos nesta magia em que uma boneca atrai os ataques mágicos lançados contra alguém.

Materiais

- 1 boneca feita de algum tipo de material que permita colocarmos e tirarmos alguns elementos dela de modo fácil e prático. Recomendo bonecas de algodão, em que se pode costurar um velcro, botões, ou outro tipo de fecho. "*E se não conseguir colocar um fecho, posso deixar aberta mesmo?*". Até pode, só tem que tomar cuidado para que não caiam os elementos que colocarmos dentro.
- 1 pequeno espelho em qualquer formato, que seja do tamanho aproximado do rosto da boneca.

174 http://wagnerperico.com. Instagram: @pericowagner.

Entre em contato com o espírito do espelho (lembre-se de alterar sua consciência). Pergunte se o espírito aceita trabalhar magicamente com você, sinta a resposta. Para confirmá-la, use um pêndulo ou oráculo (runas, Tarô, Baralho Lenormand).

- 1 pedaço de fio de cobre; qualquer espessura que corresponda ao que seria a coluna dessa boneca.
- Pegue o fio de cobre e entre em contato com seu espírito, pergunte se aceita trabalhar magicamente com você, sinta a resposta.
- 1 pedra obsidiana negra.

Com a obsidiana negra você fará o mesmo, entrará em contato com o espírito, semelhante ao que fez com os itens anteriores.

Limpeza

Ao adquirir uma boneca não confeccionada por você, procure limpá-la de energias indesejadas. Pode usar para isso um incenso ou defumador de limpeza.

Consagração

Essa boneca não será batizada, mas sim consagrada, pois não se trata efetivamente da representação de uma pessoa real, mas sim de um dublê dela.

Você pode começar o ritual de consagração alterando sua consciência (caso você não tenha prática em alteração de consciência, poderá atingir esse estado através de danças, canto, orações, vocalizações, instrumentos musicais, masturbação, um cálice de bebida, banhos, chás, aromas, qualquer uma dessas opções ou outras que lhe ajudem a alterar sua consciência, mas, lembre-se, essa percepção vem com a prática, preste atenção a como você fica num estado diferente com esses exemplos), após conseguir isso, concentre-se em cada um dos quatro elementos e diga algo semelhante a isto:

> Peço aos quatro elementos, ar, fogo, água e terra, que consagrem essa boneca com um pouco de seu poder, para que eu realize minhas operações mágicas.

Passe a boneca por cada um dos quatro elementos representados (fumaça de incenso, pode ser de olíbano; calor de uma vela, de preferência vermelha; gotas d'agua aspergidas sobre a boneca; e um cristal, que pode ser de quartzo, colocado sobre ela), após essa consagração a boneca estará apta a receber o encantamento.

Feitura

A magia poderá ser feita em qualquer horário, fase da lua e dia da semana.

Abra, com uma tesoura, da pélvis da boneca até o pescoço; coloque o fio de cobre onde seria a coluna; na parte de baixo dessa coluna insira a obsidiana negra. O espelho deverá ser colado ou amarrado sobre o rosto da boneca.

Programação

Procure se concentrar e diga, em suas palavras, algo semelhante a isto:

> Eu programo e consagro você, espírito do espelho, para que crie uma energia semelhante à minha, mas não idêntica, e com isso você deverá atrair todo ataque mágico feito contra mim de forma consciente ou inconsciente, vindo de qualquer plano de existência e espaço-tempo. Você deverá encaminhar essa energia através do fio de cobre para que fique armazenada na obsidiana.

A pedra irá se saturar com o tempo, não é possível mensurar quando, isso depende de quanto a pessoa seja atacada. Verifique periodicamente com um pêndulo ou oráculo, pode ser a cada mês, ou conforme você intua. Então você deverá retirar a pedra e descarregar essa energia na natureza, por exemplo, deixando-a na água com sal, ou a enterrando com um pouco de cascas de ovos, mas também poderá reutilizá-la em algum ataque mágico feito por você, em que você transferirá a energia para essa magia de ataque. Em seguida, poderá recolocar a pedra na boneca.

Existe uma outra variante que poderá ser feita quando você sabe quem está te atacando. Nesse caso, no lugar da obsidiana coloque a foto da pessoa, para que toda energia enviada contra você retorne a ela.

Prós e contras desta variante: a parte boa é que a pessoa é contra-atacada imediatamente, sem que você precise fazer algo, porém, a parte ruim é que pode não ser essa pessoa, ou não somente ela.

Seja qual for a variante escolhida, essa boneca se transformará num "para-raios", protegendo você!

X

Algumas considerações sobre bonecos

Os bonecos podem ser feitos dos mais diversos materiais, e na internet há farto material de como fazê-los, mesmo para iniciantes, então, dessa forma, não vou abordar a feitura dos bonecos. Todavia, "carregá-los" de "intenção" é muito importante.

O leitor deve ter notado alguns detalhes de como isso pode ser feito ao longo do livro. Meu objetivo não é necessariamente sintetizá-los aqui, mas ressaltar alguns pontos importantes.

Mais uma vez nos valendo da experiência de Frater U∴D∴[175], um fetiche, que pode ser um boneco, é um objeto mágico animado que funciona como um recurso autônomo para determinados fins que atendam aos anseios do magista. Diferentemente de entidades puramente astrais, que podem ser criadas pelo magista, o boneco (fetiche) é uma fonte de certo tipo de poder, entidade, divindade etc.[176]. Esse boneco deve ser "recarregado" periodicamente. As formas são bem variadas, energia sexual (incluindo fluídos corporais), ou mesmo o famoso exercício cabalístico do Pilar do Meio.

---

175 Frater U∴D∴, 2008.

176 Frater U∴D∴, 2005.

Creio ser importante, alguns dias antes do ritual em si, transformar o boneco na pessoa alvo. Uma ideia simples, mas potente, é batizá-lo com o nome da pessoa; igualmente imaginar aspectos ligados a essa pessoa, quase como uma brincadeira de criança, encenar com o boneco atividades que são corriqueiras à pessoa em questão. O magista deve estar em estado alterado de consciência na execução dessas operações e dos rituais. As formas de como alcançá-lo são bem variadas, mas nem que seja clarificar a mente, não se envolvendo com os pensamentos, depois trazendo à mente os objetivos e etapas do processo em questão.

Com o passar do tempo e a intensidade envolvida, o boneco pode ganhar "vida própria", inclusive, em alguns casos, sendo capaz de manifestações ambientais.

Outro ponto interessante levantado por Frater U∴D∴[177]: os fetiches/bonecos podem ser usados para operações mágicas diferentes; em outras palavras, não vinculados a uma "pessoa alvo", mas a temas. Por exemplo: amor. Isso os aproxima dos pentáculos, então, da mesma forma que um pentáculo de Vênus pode ser usado em todas as operações mágicas que envolvam amor, o boneco igualmente pode.

Como vimos ao longo deste livro, o boneco pode conter material pertencente à pessoa, como unhas, cabelo, pedaços de roupa. Dado, esse, corroborado por Frater U∴D∴[178], que acrescenta o uso de fotos do alvo, como, por exemplo, colocar uma foto no rosto do boneco.

Uma ferramenta importante é o uso da astrologia. É possível escolher o melhor momento para começar a energizar o boneco, usando técnicas como lunações, trânsitos e progressões. Sempre lembrando de associar os objetivos do boneco com os momentos

177 Frater U∴D∴, 2008.

178 Frater U∴D∴, 2008.

astrológicos que o propiciem. Seguindo o exemplo de Vênus, um bom momento seria Vênus em Libra[179], em trígono com Júpiter, supondo que a pessoa queira encontrar relacionamentos. Usar os desenhos dos próprios signos e glifos dos planetas pode ser útil.

179 Libra é regido por Vênus.

XI

Assunção de Forma Divina

Um exercício simples, mas de resultados profundos, é a Assunção de Forma Divina. Todos nós somos inspirados por pessoas, reais ou imaginárias, animais, dos quais gostaríamos de compartilhar a força, a visão, a esperteza, ou mesmo por uma grande árvore que resiste ao tempo e às intempéries[180]. O exercício é basicamente comungar, trazer para si os aspectos desejados.

Supondo que seja o deus Mercúrio, você vai estudar sobre a divindade, tanto atributos físicos como personalidade, e a mitologia associada.

Sentado, ou deitado confortavelmente, você vai imaginar o deus Mercúrio à sua frente, em todos os detalhes, e a cada dia a imagem ganhará mais substância e veracidade. Quando estiver bem "concreta", você irá aspirá-la; é como "receber um espírito" possuído pela aquela energia, mas ao mesmo tempo se tornando ela!

Comungue nesse estado, torne-se o próprio Mercúrio, depois se levante e expire com força, e a divindade sairá de você.

---

180 *It is like the oak that hardens itself and bears up against the storm. It is weather-beaten and scarred and confident like a sea-captain.* LIBER A'ASH VEL CAPRICORNI PNEUMATICI SUB FIGURÂ CCCLXX.

XII

Magia funciona?

Já começo avisando que não devolveremos o seu dinheiro, mas magia não é uma ciência exata, e seus resultados são para lá de incertos. Tirando os espertalhões e os iludidos, creio que uma grande gama de praticantes tenderá a concordar comigo. Então, por que a praticar? Creio que, assim como na alquimia, transformar chumbo em ouro pode ser entendido como uma metáfora, muitas operações mágicas são capazes de ser interpretadas dessa forma. Levando o praticante a descobrir mais sobre si mesmo e consequentemente sobre o universo. Isso não nega o fato de que a magia pode funcionar literalmente, mas os fatores atrelados a esse evento (o da magia funcionar) e a suas múltiplas variáveis podem ser difíceis de quantificar e qualificar. Não esquecendo que o operador do ritual é uma das variáveis.

Contudo creio que o leitor tirará bom proveito de várias partes deste livro. Como últimas palavras, quero lembrá-lo de que o opositor, o inimigo, tem raízes na nossa própria psique; consequentemente aprendemos muito ao olhar a nossa sombra que é projetada no outro.

Bibliografia

ARMITAGE, Natalie; HOULBROOK, Ceril. *The Materiality of Magic: An Artifactual Investigation into Ritual Practices and Popular Beliefs*. Oxônia: Oxbow Books, 2015.

ARCAMONE, F.; CHAIN, E. B.; FERRETTI, A.; MINGHETTI, A.; PENNELLA, P.; TONOLO, A.; VERO, L. *Production of a New Lysergic Acid Derivative in Submerged Culture by a Strain of Claviceps Paspali Stevens & Hall*. Proc. R. Soc. Lond. B. Biol. Sci., 1961, c. 155, p. 26–54. Doi: http://doi.org/10.1098/rspb.1961.0056.

AUGIAS, Anaïs; BENMOUSSA, Nadia; JACQUELINE, Sophie; JAEGER, Julie Nogel; MULLER, Anne-Laure; CHARLIER, Philippe. *Haitian Voodoo Dolls Revealed by X-ray: From Radiology to Medical Anthropology. Journal of Forensic Radiology and Imaging*, 2015, v. 3, c. 4, p. 221-225. Doi: https://doi.org/10.1016/j.jofri.2015.11.001. Disponível em: https://www.sciencedirect.com/science/article/pii/S2212478015300253.

BLAVATSKY, Helena Petrovna. *A Chave da Teosofia*. São Paulo: Editora Três, 1973.

BLAVATSKY, Helena Petrovna. *Glosario Teosófico*. Barcelona: Editorial Humanitas, 2013.

CAMPBELL, Joseph. *As Máscaras de Deus: Mitologia Ocidental*. São Paulo: Palas Athena, 2004.

CAMPBELL, Joseph. *As Máscaras de Deus: Mitologia Primitiva.* São Paulo: Palas Athena, 1990.

COPENHAVER, Brian P. (ed.). *Hermetica: The Greek Corpus Hermeticum and the Latin Asclepius in a New English Translation, with Notes and Introduction*. Cambridge: Cambridge University Press, 2002.

COLLINS, Derek. *Magic in the Ancient Greek World*. Nova Jersey: John Wiley & Sons, 2008.

CROWLEY, Aleister. *The Law is for All: The Authorized Popular Commentary to The Book of the Law*. Los Angeles: New Falcon Publications, 1996.

CROWLEY, Aleister; et al. *Magick: Book 4 - Liber Aba*. Nova Iorque: Red Wheel / Weiser, 1998.

DAVID, Rosalie. *Religion and Magic in Ancient Egypt*. Londres: Penguin, 2002.

DAVIES, Owen. *Grimoires: A History of Magic Books*. Oxônia: Oxford University Press, 2010.

FARAONE, Christopher A. *Binding and Burying the Forces of Evil: The Defensive Use of "Voodoo Dolls" in Ancient Greece*. Berkeley: University of California Press, 1991, v. 10, nº 2, p. 165-220. Doi: https://doi.org/10.2307/25010949.

FORTUNE, Dion. *A Cabala Mística*. São Paulo: Pensamento, 1984.

FRAZER, James George. *The Golden Bough*. Londres: Palgrave Macmillan, 1990.

GINZBURG, Carlo; BATISTA NETO, Jônatas (trad.). *Andarilhos do Bem: Feitiçarias e Cultos Agrários nos Séculos XVI e XVII*. São Paulo: Companhia das Letras, 1989.

GINZBURG, Carlo. *História Noturna: Decifrando o Sabá*. São Paulo: Companhia das Letras, 1991.

GRANT, Kenneth; GRANT, Steffi. *Hidden Lore: The Carfax Monographs*. Londres: Skoob Books, 1989.

IDEL, Moshe. *Golem: Jewish Magical and Mystical Traditions on the Artificial Anthropoid*. Nova Iorque: State University of New York Press, 1990.

JOWETT, Benjamin. *The Dialogues of Plato, in 5 vols*. 3ª ed. rev. e atual. Oxônia: Oxford University Press, 1892.

KAPLAN, Aryeh. *Sefer Yetzirah: The Book of Creation in Theory and Practice*. Nova Iorque: Weiser Books, 1997.

KERÉNYI, Karl; MOTTA, Milton Camargo (trad.). *Arquétipos da Religião Grega*. Petrópolis: Vozes, 2015.

LAERTIUS, Diogenes. *Lives of the Eminent Philosophers*. Oxônia: Oxford University Press, 2018.

LUCAN; RIDLEY, Edward (trad.). *The Pharsalia of Lucan*. Londres: George Bell & Sons, 1909.

MATHERS, Samuel Lidell MacGregor (trad.). *O Livro da Magia Sagrada de Abramelin, o Mago*. São Paulo: Anubis Editores, 1997.

OGDEN, Daniel. *Magic, Witchcraft, and Ghosts in the Greek and Roman Worlds: A Sourcebook*. Oxônia: Oxford University Press, 2002.

OVID. *Metamorphoses*. Cambridge: Harvard University Press, 1958.

OVÍDIO; ALBERTO, Paulo Farmhouse (trad.). *Metamorfoses*. Lisboa: Livros Cotovia. 2007.

PHILLIPS, Oliver. *The Witches' Thessaly. In: Magic and Ritual in the Ancient World*. Brill, 2015, p. 378-386. Doi: https://doi.org/10.1163/9789047400400_021.

RÄTSCH, Christian. *The Encyclopedia of Psychoactive Plants: Ethnopharmacology and its Applications*. Nova Iorque: Simon and Schuster, 2005.

REGARDIE, Israel. *Magia Hermética: A Árvore da Vida, um Estudo Sobre a Magia*. São Paulo: Madras, 2003.

REGARDIE, Israel. *The Complete Golden Dawn System of Magic*. Los Angeles: New Falcon Publications, 1984.

REGARDIE, Israel. *The Law is for All: The Authorized Popular Commentary to The Book of the Law*. Los Angeles: New Falcon Publications, 1996.

RIGAUD, Milo. *Secrets of Voodoo*. São Francisco: City Lights Books, 1969.

SCHÄFER, Peter. *The Magic of the Golem: The Early Development of the Golem Legend*. The Journal of Jewish Studies, 1995, v. 46, nº 1-2, p. 249-261.

SCHOLEM, Gershom Gerhard. *On the Kabbalah and its Symbolism*. Nova Iorque: Schocken Books, 1969.

SCHULTES, Richard Evans; HOFMANN, Albert; RÄTSCH, Christian. *Plants of the Gods: Their Sacred, Healing, and Hallucinogenic Powers*. Rochester: Inner Traditions International Ltd, 1992.

SEATON. Robert Cooper (trad.). *Apollonius Rhodius: The Argonautica*. Cambridge: Harvard University Press, 1988.

THACKERAY, Henry St. John. The Wounded Roan: A Contribution to the Relation of Hunting and Trance. Antiquity, 2005, v. 79, c. 303, p. 5-18. Doi: https://doi.org/10.1017/S0003598X00113663.

TRÊS INICIADOS, os. *O Caibalion*. São Paulo: Pensamento, 1993.

U. D., Frater. *High Magic: Theory & Practice*. Minnesota: Llewellyn Publications, 2005.

U. D., Frater. *High Magic High Magic II: Expanded Theory and Practices*. Minnesota: Llewellyn Publications, 2008.

VOSS, Angela. *The Secret Life of Statues.* In: Campion. Nicholas (ed.); Patrick, Curry (ed.). *Sky and Psyche: The Relationship Between Cosmos and Consciousness.* Edimburgo: Floris Books, 2006, p. 201-234.

WANG, Robert. *O Tarô Cabalístico*. São Paulo: Pensamento, 1983.

WASSON, R. Gordon; HOFMANN, Albert; RUCK, Carl A. P. *El Camino a Eleusis*. Cidade do México: Fondo de Cultura Económica, 1980.

WILHELM, Richard (trad.); BAYNES, Cary F. (trad.). *The I Ching or Book of Changes*. 3ª ed. *[S.l.]*: Routledge & K. Paul, 1968.

WISE, Elliot. *An "Odor of Sanctity": The Iconography, Magic, and Ritual of Egyptian Incense*. BYU Scholar Archive, 2009, v. 9, nº 1, p. 67-80. Disponível em: https://scholarsarchive.byu.edu/cgi/viewcontent.cgi?article=1136&context=studiaantiqua&httpsredir=1&referer=.